BACKEN NACH BILDERN

FÜR JÉRÔME

BACKEN NACH BILDERN

70 Rezepte Schritt für Schritt

Marianne Magnier-Moreno

Fotos von Frédéric Lucano • Styling Sonia Lucano

***

CHRISTIAN VERLAG

Aus dem Französischen übersetzt von Anke Kruppa
Redaktion: Michaela Röhrl
Satz: Maren Gehrmann
Korrektur: Petra Tröger
Umschlaggestaltung: Cornelia Niere, Büro für Gestaltung, München

Die Originalausgabe mit dem Titel *Mon Cours de Cuisine – La Pâtisserie*
wurde erstmals 2007 im Verlag Marabout, Paris, veröffentlicht.

Einkauf: Emmanuelle Javelle
Herstellung: Alexandre Nicolas
Überarbeitung: Elisabeth Boyer

Druck und Bindung: Tien Wah Press
Printed in Singapore

ISBN 978-3-88472-901-4

VORWORT

Ich backe wirklich gerne, aber auch bei mir geht manchmal das eine oder andere schief. Wie oft habe ich versucht, meine Scones schön rund, hoch und locker zu backen – und sie wurden platt und unförmig. Wie oft wollte ich eine luftige, cremiges Mousse au Chocolat zubereiten – und sie wurde zu flüssig, zu fest … Trotz meiner unzähligen gescheiterten Versuche, die umso frustrierender waren, da ich die jeweiligen Rezepte immer genau Schritt für Schritt befolgt hatte, gab ich doch die Hoffnung nie ganz auf. Denn zwischen all meinen platten, unförmigen Scones gab es hin und wieder doch ein paar, die runder und höher waren als der Rest. Und zwischendurch gelang mir auch einmal eine richtig cremige Mousse, die mich doch vermuten ließ, auf dem richtigen Weg zu sein. Schön und gut, doch welcher Weg ist der richtige? Meine zufällig gelungenen Scones oder die einmal gut geratene Mousse au Chocolat haben es mir leider nicht verraten.

Natürlich gibt es viele Bücher, Rezeptsammlungen, Back- und Kochkurse, die Profis wie Amateuren versprechen, sie auf den richtigen Weg zu führen. Und dann sind da noch die zahllosen guten Ratschläge und – teilweise widersprüchlichen oder gar falschen – Hinweise und Tipps, die man zu Hilfe nehmen kann, hat man sich einmal auf die Suche nach den Geheimnissen wahrer Backkunst gemacht.

Meine Suche bestand vor allem darin, immer wieder Neues auszuprobieren, zu vergleichen, Bekanntes neu zu kombinieren und zu experimentieren. Nach und nach fand ich zu meinem Gleichgewicht in der Küche. Besonders geholfen haben mir dabei nicht zuletzt wertvolle Tipps und Tricks verschiedener Profibäcker und -konditoren. So verriet mir ein Konditor das Geheimnis einer perfekten Mousse au Chocolat: »Dein Eischnee darf nicht zu steif sein. Er muss noch cremig sein, damit man ihn leicht und vollständig unter die Schokolade heben kann. Außerdem muss die Mischung aus Schokolade, Butter und Eiern lauwarm sein, und auch der Eischnee muss Raumtemperatur haben.« Natürlich lief ich sofort nach Hause und setzte diese Tipps in die Tat um. Dann konnte ich die notwendige Ruhezeit kaum abwarten, saß praktisch neben meinem Kühlschrank – bis ich das Ergebnis probieren konnte: endlich die perfekt gelungene Mousse au Chocolat! Bei den Scones war es ein amerikanisches Backbuch, das mich auf die richtige Spur brachte: »Der Teig muss dicht, die Scones eher klein (höchstens drei bis vier Zentimeter) und der Ofen sehr heiß sein (mindestens 220 °C)«. Wie durch ein Wunder kamen alle meine Scones nun wunderbar rund und hoch aufgebacken aus dem Ofen.

Das Buch, das Sie nun in den Händen halten, ist das Ergebnis all meiner Nachforschungen und Experimente. Daher hat es für mich auch einen ganz besonderen Wert; und ich hoffe, dass es auch Ihnen mit der Zeit ans Herz wachsen wird, je mehr Rezepte Sie ausprobieren. Besonders wichtig sind mir dabei die vielen kleinen Details, Tipps und Tricks, die das Backen zu einem magischen Vergnügen machen.

Marianne Magnier-Moreno

INHALT

CREMES & CO.

Cremes

Saucen und Glasuren

01

ENGLISCHE CREME

ERGIBT 400 GRAMM • ZUBEREITUNG : 15 MINUTEN • KOCHZEIT: 15 MINUTEN

300 ml Milch
1 Vanilleschote
3 Eigelb
60 g Zucker

VORBEREITUNG:
Die Milch mit der aufgeschlitzten Vanilleschote und dem ausgekratzten Vanillemark langsam erwärmen.

Die Vanillemilch etwa 10 Minuten ziehen lassen, dann erhitzen (nicht kochen lassen). Die Vanilleschote herausnehmen.

1	Die Eigelbe mit dem Zucker in eine kleine Schüssel geben.	2	Beides kräftig verschlagen, bis die Mischung hell und schaumig wird.
3	Unter Rühren die Hälfte der heißen Vanillemilch langsam zur Eigelbmischung gießen.	4	Eigelbmischung mit restlicher Milch in einen Topf geben und Creme bei mittlerer Hitze unter Rühren eindicken lassen. ➢

01

ACHTUNG	DER TRICK
☛ Während des Eindickens stets mit einem Teigspatel oder Kochlöffel am Boden und an den Rändern des Topfes entlangfahren, denn dort ist die Temperatur am höchsten und somit auch die Gerinnungsgefahr am größten. Je stärker man die Mischung erhitzt, umso cremiger wird sie, doch gleichzeitig wächst die Gefahr, dass sie aufkocht und das Eigelb gerinnt.	☛ Deshalb die feine Schaumschicht, die sich auf der Milchmischung gebildet hat, genau im Auge behalten. Sobald sie verschwindet, nähert sich die Temperatur 90 °C und die Hitze muss reduziert werden.

ZUM PRÜFEN DER FERTIGEN CREME	ZUM ABKÜHLEN
Einen Esslöffel in die Creme tauchen und mit dem Finger darüberfahren. Bleibt eine deutlich sichtbare Spur auf dem Löffel zurück, ist die Creme fertig.	Die Creme durch ein feinmaschiges Sieb in eine Schüssel gießen und darin abkühlen lassen. Dabei gelegentlich umrühren. Die Creme abdecken und im Kühlschrank (höchstens 24 Stunden) aufbewahren.

02

EINFACHE DESSERTCREME

ERGIBT 700 GRAMM • ZUBEREITUNG: 10 MINUTEN • KOCHZEIT: 10 MINUTEN

500 ml Vollmilch
6 Eigelb
100 g Zucker
50 g Mehl (Type 405)

ZUM AROMATISIEREN:
36 g Mandelnougat
oder 3 TL Kaffee-Essenz (6 g)
oder 120 g Schokolade, geschmolzen

1	Die Milch in einem Topf erhitzen. Währenddessen die Eier mit dem Zucker in einer Schüssel verschlagen und das Mehl unterrühren.	2	Unter Rühren die Hälfte der heißen Milch zur Eigelbmischung gießen, weiterrühren und die Mischung zurück in den Topf geben.
3	Die Mischung unter Rühren 30 Sekunden bis 2 Minuten bis zur gewünschten Konsistenz aufkochen lassen: Je länger sie kocht, umso fester wird die Creme.	4	Nach dem Aromatisieren die Creme in eine Schüssel geben, mit Klarsichtfolie abdecken, völlig erkalten lassen und im Kühlschrank aufbewahren.

BUTTERCREME

ERGIBT 300 GRAMM • ZUBEREITUNG: 20 MINUTEN • KOCHZEIT: 5 MINUTEN

125 g Butter
100 g Zucker
20 g Wasser
1 Ei

1 Eigelb
4 g Vanilleextrakt oder
2 g Vanilleextrakt + 3 g Kaffee-Extrakt

VORBEREITUNG:
Die Butter geschmeidig werden lassen, dann 2–3 Minuten schaumig rühren. Das ganze Ei und das Eigelb in einer Schüssel mit Ausgießer verschlagen.

1	Wasser und Zucker in einen Topf geben.	2	Zuckersirup kochen, über die Eier geben und mit dem Handrührgerät verrühren.	3	Die Mischung so lange rühren, bis sie abgekühlt ist und ihr Volumen verdreifacht hat.
4	Die Mischung langsam über die weiche Butter gießen, dabei auf kleiner Stufe weiterrühren.	5	Die Creme aromatisieren (mit Vanille oder Vanille und Kaffee) und weiterrühren.	6	Sofort verwenden.

04

MANDELCREME

ERGIBT 300 GRAMM • ZUBEREITUNG: 15 MINUTEN

85 g gemahlene Mandeln
85 g weiche Butter
85 g Puderzucker

1 Ei
8 g Speisestärke
8 g Rum

1 2

3 4

1	Die Butter in einer mittelgroßen Schüssel mit einem Holzlöffel bearbeiten, bis sie geschmeidig ist.	2	Puderzucker und Mandeln durch ein feinmaschiges Sieb auf die Butter sieben.
3	Alles mit dem Holzlöffel vermengen. Die Mischung sieht nun aus wie feuchter Sand, kleine Butterstückchen können noch sichtbar sein. Das Ei zugeben und unterrühren.	4	Sobald eine homogene Masse entsteht, Speisestärke und Rum zugeben. Mit Klarsichtfolie abdecken und im Kühlschrank aufbewahren.

05

LEMON CURD

ERGIBT 300 GRAMM • ZUBEREITUNG: 15 MINUTEN • KOCHZEIT : 5–10 MINUTEN

80 ml Zitronensaft
Abgeriebene Schale von ½ unbehandelten Zitrone

125 g Zucker
4 Eigelb, säuberlich getrennt
60 g Butter, klein gewürfelt

AUFBEWAHRUNG:
Die völlig erkaltete Lemon Curd in ein Schraubglas füllen, so hält sie sich im Kühlschrank bis zu 2 Wochen.

1 2

3 4

1	Die Eigelbe in einer Schüssel schaumig schlagen, dann durch ein feines Sieb in einen Topf streichen.	2	Zitronensaft und Zucker einrühren. Bei mittlerer Hitze 5–10 Minuten mit dem Spatel verrühren, regelmäßig am Topfrand entlangfahren.
3	Mit dem Finger über den Spatel fahren. Bei einer sichtbaren Spur Topf vom Herd nehmen. Lemon Curd wird beim Abkühlen noch fester.	4	Zitronenschale und Butterwürfel in die heiße Masse rühren. Die Lemon Curd in einer anderen Schüssel abkühlen lassen.

MOUSSE AU CHOCOLAT

ERGIBT 300 GRAMM • ZUBEREITUNG: 20 MINUTEN • KOCHZEIT: 5 MINUTEN • KÜHLZEIT: 2 STUNDEN

125 g Schokolade mit mindestens 64% Kakaoanteil
50 g Butter
2 Eigelb
20 g extrafeiner Zucker
3 Eiweiß

VORBEREITUNG:
Butter in Würfel schneiden. Sind die Eier sehr kalt, einige Minuten in heißes Wasser legen.

1	Die Schokolade in Stücke brechen und bei geringer Hitze schmelzen.	2	Die Butter zugeben und mit dem Schneebesen einrühren. Topf vom Herd nehmen.	3	Unter ständigem Rühren die Eigelbe nacheinander zufügen. Etwas abkühlen lassen.
4	Die Eiweiße zu steifem Schnee schlagen, dabei nach und nach den Zucker einrieseln lassen.	5	Ein Viertel des Eischnees unter die Schokomasse ziehen. Mischung unter den restlichen Eischnee heben.	6	Die Mousse in kleine Schälchen füllen und mindestens 2 Stunden im Kühlschrank abkühlen lassen.

07

SCHOKOLADEN-GANACHE

ERGIBT 100 GRAMM • ZUBEREITUNG: 5 MINUTEN • KOCHZEIT: 10 MINUTEN

50 g Schokolade mit 52% Kakaoanteil, in Stücke gebrochen
15 g Sahne
50 ml Vollmilch

1 2

3 4

1	Sahne und Milch in einem kleinen Topf erhitzen.	2	Den Topf vom Herd nehmen, Schokoladenstücke zugeben und umrühren, bis sie ganz geschmolzen sind.
3	Die Mischung nochmals erhitzen und 2 Minuten köcheln lassen, dabei gelegentlich mit dem Schneebesen umrühren.	4	Die Creme sofort verwenden oder in eine kleine Schüssel geben, mit Klarsichtfolie abdecken und im Kühlschrank erkalten lassen.

PANNA COTTA

FÜR 4 PORTIONEN • ZUBEREITUNG: 15 MINUTEN • KOCHZEIT: 7 MINUTEN • KÜHLZEIT: MINDESTENS 2 STUNDEN

- 400 g Sahne
- 60 g Zucker
- 1 Vanilleschote
- 2 Blatt Gelatine (4 g)

VORBEREITUNG:

Die Gelatine in kaltem Wasser einweichen.

Die Vanilleschote aufschlitzen und mit der Sahne in einen Topf geben.

1	Die Sahne mit der Vanilleschote bei mittlerer Temperatur 5 Minuten erhitzen.	2	Sobald die Sahne dampft, den Zucker einrühren, bis er sich aufgelöst hat.	3	Die Temperatur erhöhen und die Sahne vom Herd nehmen, sobald sie zu kochen beginnt.
4	1 Minute warten, dann die Vanilleschote herausnehmen und die gut ausgedrückte Gelatine zugeben.	5	Alles mit dem Schneebesen kräftig verrühren, damit sich die Gelatine schnell auflöst.	6	Mischung 5 Minuten abkühlen lassen, dabei umrühren, damit sich keine Haut bildet. ➤

7	Die Sahnemischung vorsichtig in vier runde Förmchen füllen (dabei oft umrühren, damit sich das Vanillemark gleichmäßig verteilt). Sobald die Mischung Raumtemperatur erreicht hat, die Schälchen mit Klarsichtfolie abdecken und für mindestens 2 Stunden (oder über Nacht) in den Kühlschrank stellen.	**ZUM PRÜFEN DER FESTIGKEIT** Ein Förmchen aus dem Kühlschrank nehmen und leicht schütteln. Die Panna Cotta ist fest genug, wenn sie beim Bewegen des Förmchens nicht mehr wackelt. Nun kann man die Creme aus der Form stürzen oder bis zum Servieren im Kühlschrank aufbewahren.

8

Zum Stürzen der Creme Wasser zum Kochen bringen und in eine hitzebeständige Schüssel gießen. Die Klarsichtfolie abziehen und die Förmchen (nicht ganz bis zum Rand) ins heiße Wasser setzen. Nach 8–10 Sekunden herausnehmen und auf einen Teller stürzen. Die Förmchen leicht bewegen, bis sich die Panna Cotta löst.

ACHTUNG

☛ Sind die Wände der Förmchen sehr dünn, werden sie durch das heiße Wasser schneller erwärmt. In diesem Fall die Förmchen nur 3–5 Sekunden im Wasser lassen.

09

KARAMELL

→ ERGIBT 100 GRAMM • ZUBEREITUNG: 5 MINUTEN • KOCHZEIT: 5 MINUTEN ←

100 g Zucker
30 g Wasser

HILFSMITTEL:
Einen Backpinsel vorbereiten, um die Topfwände mit Wasser zu bestreichen. Dadurch lösen sich die Zuckerkristalle.

DEN TOPF REINIGEN:
Reichlich Wasser darin zum Kochen bringen und mit dem Schneebesen kräftig rühren, damit sich der Karamell löst.

1	Wasser und Zucker in einen Topf mit dickem Boden geben.	2	Die Mischung leicht erhitzen und rühren, bis sich der Zucker ganz gelöst hat.	3	Mischung aufkochen, mit einem Pinsel an den Topfwänden entlangstreichen.
4	Sobald das Zuckerwasser kocht, den Topf in Ruhe lassen und den Karamell Farbe annehmen lassen.	5	Zum Beenden des Kochvorgangs den Topf einige Sekunden in kaltes Wasser stellen.	6	Den Karamell rasch verwenden: Wenn er kalt wird, härtet er schnell aus und lässt sich nur schwer verarbeiten.

KARAMELLSAUCE

ERGIBT 200 GRAMM • ZUBEREITUNG: 5 MINUTEN • KOCHZEIT: 10 MINUTEN

100 g Zucker
30 ml Wasser
100 g Sahne
15 g gesalzene Butter

VORBEREITUNG:
Die Butter in Stücke schneiden.

1	Die Sahne in einem kleinen Topf bei mittlerer Temperatur erhitzen.	2	Wasser und Zucker in einen kleinen Topf mit dickem Boden geben.	3	Beides bei geringer Hitze verrühren, bis sich der Zucker aufgelöst hat.
4	Temperatur erhöhen. Wenn das Zuckerwasser kocht, nicht mehr rühren und den Karamell bräunen lassen.	5	Die heiße Sahne mit dem Schneebesen einrühren. Alles 2 Minuten bei mittlerer Hitze köcheln lassen.	6	Topf vom Herd nehmen, Butter einrühren und die Mischung abkühlen lassen. (Der Karamell wird fest.)

SCHOKOLADENSAUCE

ERGIBT 300 GRAMM • ZUBEREITUNG: 5 MINUTEN • KOCHZEIT: 5 MINUTEN

110 g Schokolade
90 ml Milch
100 g Sahne

VORBEREITUNG:
Die Schokolade in Stücke brechen.

1	Milch und Sahne aufkochen lassen.	2	Den Topf von der Herdplatte nehmen und die Schokoladenstücke zugeben.
3	Alles mit einem Teigspatel verrühren, bis die Schokolade ganz geschmolzen ist.	4	Die Sauce erneut erhitzen. Sobald sich die ersten Bläschen bilden, die Sauce vom Herd nehmen und sofort verwenden.

BEERENCOULIS

ERGIBT 200 GRAMM • AUFTAUEN: 10 MINUTEN • ZUBEREITUNG: 5 MINUTEN • KOCHZEIT: 1 MINUTE

200 g gefrorene Waldbeeren
50 g Zucker
1 g Salz
6 g Zitronensaft

VORBEREITUNG:
Die Waldbeeren im Wasserbad auftauen lassen.

1	Die aufgetauten Früchte im Wasserbad lassen, Zucker und Salz zugeben und etwa 1 Minute verrühren, bis sich beides aufgelöst hat.	2	Die Früchte im Mixer etwa 20 Sekunden zerkleinern, bis eine homogene Masse entsteht.
3	Die Masse mithilfe eines Spatels durch ein feinmaschiges Sieb streichen, sodass nur noch der Fruchtsaft übrig bleibt.	4	Zitronensaft zugeben und gut verrühren. Die Sauce abdecken und für mindestens 1 Stunde in den Kühlschrank stellen. Sie hält sich dort 4 Tage.

ROTES BEERENKOMPOTT

ERGIBT 250 GRAMM • AUFTAUEN: 10 MINUTEN • ZUBEREITUNG: 10 MINUTEN • KOCHZEIT: 5 MINUTEN

230 g gefrorene Waldbeeren
20 g Zucker
6 g Honig (1 gestrichener EL)
8 g Balsamicoessig (1 EL)

VORBEREITUNG:
Die gefrorenen Waldbeeren in eine hitzebeständige Schüssel geben und diese in einen Topf mit kochendem Wasser stellen.

Die Schüssel mit Klarsichtfolie abdecken und die Früchte in etwa 10 Minuten auftauen lassen. Dabei nach 5 Minuten einmal umrühren.

1	Früchte abtropfen lassen, Saft dabei auffangen. Fruchtsaft (40 ml) mit Zucker, Honig und Essig mischen. Bei mittlerer Hitze erwärmen und so lange rühren, bis sich der Zucker gelöst hat.	2	Mischung zum Kochen bringen und etwas reduzieren. Um die Konsistenz zu prüfen, Löffel in die Sauce halten und sofort herausnehmen. Er sollte völlig mit Sauce überzogen sein.
3	Die Sauce etwas abkühlen lassen, dann die aufgetauten Früchte einrühren. Die Sauce wird beim Abkühlen noch zähflüssiger.	4	Sobald das Kompott abgekühlt ist, dieses mit Klarsichtfolie abdecken und in den Kühlschrank stellen.

SCHLAGSAHNE

ERGIBT 550 GRAMM • ZUBEREITUNG: 10 MINUTEN

500 g kalte Sahne (so frisch wie möglich)
50 g Puderzucker
1 Vanilleschote

VORBEREITUNG:
Eine Schüssel bereitstellen, die größer ist als die später verwendete Schüssel und mit Eiswürfeln und sehr kaltem Wasser füllen.

DER TRICK:
Für eine kleinere Menge Schlagsahne ein hohes Gefäß mit geraden Wänden verwenden (in diesem Fall ist kein kaltes Wasserbad nötig).

1	Puderzucker und das ausgekratzte Vanillemark in eine mittelgroße Schüssel geben.	2	Die Schüssel in das Eiswasser setzen und die Sahne dazugießen.
3	Die Sahne mit dem Handrührgerät auf höchster Stufe steif schlagen, dabei die Schüssel etwas schräg halten, damit die Sahne so viel Luft wie möglich aufnimmt.		**SCHLAGSAHNE AUS DEM SAHNESPRÜHER** Sahne, Zucker und Vanillemark in den Sahnesprüher füllen. Die Gaspatrone einsetzen und vor dem Sprühen kräftig schütteln.

ZUCKERGLASUR

ERGIBT 100 GRAMM • ZUBEREITUNG: 5 MINUTEN

30 g sehr frisches Eiweiß (nach Belieben)
100 g Puderzucker
1–2 TL Zitronensaft

FÜR EINE FESTERE GLASUR:
Nach und nach können bis zu 25 Gramm Puderzucker mehr zugegeben werden.

AUFBEWAHRUNG:
In einem geschlossenen Behälter (ohne Ei zubereitet) einige Tage im Kühlschrank oder einige Monate im Gefrierfach. Nach dem Auftauen noch etwas Puderzucker einrühren.

1 2

3 4

1	Das Eiweiß (falls verwendet) in eine Schüssel geben und den Puderzucker zufügen.	2	Beides mit einem Holzspatel 2 Minuten verrühren, bis eine cremige, weiße Masse entsteht.
3	Den Zitronensaft zugeben und alles nochmals 10 Sekunden verrühren.	4	Den Kuchen mithilfe eines langen Spatels mit der Glasur überziehen und vor dem Servieren die Glasur einige Minuten fest werden lassen.

SCHOKOLADENGLASUR

ERGIBT 200 GRAMM • ZUBEREITUNG: 5 MINUTEN • KOCHZEIT: 10 MINUTEN

100 g Schokolade
40 g Butter
3 EL Wasser
80 g Puderzucker

VORBEREITUNG:
Butter in Würfel schneiden, Schokolade in Stücke brechen.

1	Die Schokolade bei geringer Hitze (oder im Wasserbad) schmelzen und dabei mit einem Spatel glatt rühren.	2	Die Schokolade auf dem Herd (oder im Wasserbad) belassen, Puderzucker und Butter zugeben, alles verrühren und schmelzen lassen.
3	Topf vom Herd nehmen und löffelweise Wasser zufügen. Ist die Glasur zu fest, nochmals leicht erwärmen. Nur etwas abkühlen lassen (kalte Glasur lässt sich nicht mehr verstreichen).	4	Den Kuchen mithilfe eines flachen Spatels großzügig mit Glasur überziehen. Fingerabdrücke nach Möglichkeit vermeiden, da diese Glasur nicht ganz fest wird!

EINFACHE KUCHEN

Klassische Kuchen

Schokoladenkuchen

Made in U.S.A.

JOGHURTKUCHEN

FÜR 8 PORTIONEN • ZUBEREITUNG: 15 MINUTEN • BACKZEIT: 50 MINUTEN

3 Eier
1 Becher Naturjoghurt (150 g)
120 g Sonnenblumenöl, zusätzlich etwas Öl für die Form
240 g Zucker

240 g Mehl
½ Päckchen Backpulver
4 g Salz
½ Zitrone

VORBEREITUNG:
Backofen auf 180 °C vorheizen. Auflaufform oder eine Springform mit 22 Zentimeter Durchmesser mit Öl einfetten. Die Zitrone auspressen und Saft beiseitestellen.

1	Die Eier in einer großen Schüssel mit dem Schneebesen verschlagen.	2	Joghurt unterrühren.	3	Öl zugeben und verrühren.
4	Zucker zufügen und einrühren. Zum Schluss den Zitronensaft zugeben.	5	Mehl, Backpulver, Salz mischen, zu den flüssigen Zutaten geben und mit dem Schneebesen verrühren.	6	Masse in die Form geben und 50 Minuten backen. Den Kuchen auf einem Kuchengitter abkühlen lassen.

EISCHWERKUCHEN

FÜR 8–10 PORTIONEN • ZUBEREITUNG: 25 MINUTEN • BACKZEIT: 50 MINUTEN

230 g geschmeidige Butter, zusätzlich 10 g für die Form
260 g Zucker
3 Eier, zusätzlich 3 Eigelb
10 g Vanilleextrakt
8 ml Wasser
4 g Salz
180 g Mehl

VORBEREITUNG:
Den Backofen auf 165 °C vorheizen und ein Backgitter einschieben. Eine Kranzform großzügig einfetten.

1 2
3 4

1	Die Butter mit dem Handrührgerät in etwa 15 Sekunden glattrühren.	2	Unter ständigem Rühren nach und nach den Zucker einrieseln lassen. 4–5 Minuten weiterrühren, bis die Butter hell und schaumig ist.	
3	In einer Schüssel mit Ausgießer Eier und Eigelbe mit Vanilleextrakt und Wasser mischen.	4	Die Eimischung langsam zur Butter gießen, dabei auf mittlerer Stufe weiterrühren. Zum Schluss das Salz einrühren.	➢

5

Zunächst ein Drittel des Mehls zur Buttermischung geben und mit einem Spatel gut einrühren. Danach das restliche Mehl in zwei Portionen einrühren. Alles gut verrühren, bis ein glatter, homogener Teig entsteht.

Den Teig in die Kranzform füllen und die Oberfläche glatt streichen. Den Kuchen 50 Minuten backen.

6

Den fertigen Kuchen 5 Minuten abkühlen lassen, auf eine Platte stürzen und zum Abkühlen auf ein Kuchengitter setzen.

DER TRICK

☛ Für einen besonders homogenen Teig zimmerwarme Eier verwenden. Kommen sie direkt aus dem Kühlschrank, die ganzen Eier (mit Schale) einfach vor Gebrauch einige Minuten in eine Schüssel mit heißem Wasser legen. Ist der Teig nicht ganz homogen (wie etwa auf Bild 5), hat das allerdings keinen Einfluss auf das Endergebnis.

MARMORKUCHEN

FÜR 8 PORTIONEN • ZUBEREITUNG: 30 MINUTEN • BACKZEIT: 60 MINUTEN

200 g Butter
4 Eier
200 g Zucker
4 g Salz

200 g Mehl
2 Päckchen Vanillezucker
30 g Kakaopulver

VORBEREITUNG:
Den Backofen auf 180 °C vorheizen und ein Backgitter einschieben. Eine Kastenform von 28 Zentimeter Länge einfetten.

1	Die Butter in einem Topf zerlassen, danach den Topf rasch vom Herd nehmen.	2	Die Eier in zwei großen Schüsseln trennen.
3	Zucker und Salz zu den Eigelben geben und alles mit einem Holzlöffel gut verrühren.	4	Immer abwechselnd etwas zerlassene Butter und etwas Mehl unter die Ei-mischung rühren. ➢

5	Die Eiweiße zu steifem Schnee schlagen, dabei nach und nach ein Päckchen Vanillezucker einrieseln lassen.	6	Den Eischnee mit einem Holzlöffel unter den Teig heben.
7	Teig auf zwei Schüsseln verteilen. Kakaopulver mit der einen Teighälfte und restlichen Vanillezucker mit der anderen Hälfte vermengen.	8	Beide Teige mithilfe zweier Esslöffel abwechselnd so in die Form füllen, dass ein Marmoreffekt entsteht.

Den Kuchen etwa 1 Stunde backen. Für die Garprobe mit einem Messer in die Mitte des Kuchens stechen. Bleibt die Klinge beim Herausziehen sauber, ist der Kuchen fertig.

DER TRICK

☛ Die meisten Rezepte mit Eischnee schreiben vor, diesen vorsichtig unter den Teig zu heben, da er sonst zusammenfällt. Bei diesem Rezept muss man allerdings nicht ganz so behutsam vorgehen, da der fertige Kuchen eine eher dichte, feste Konsistenz aufweist.

COULANTS AU CHOCOLAT

FÜR 4 PORTIONEN • ZUBEREITUNG: 15 MINUTEN • BACKZEIT: 15–18 MINUTEN

115 g Butter
115 g Schokolade
115 g Zucker

4 Eier
50 g Mehl

VORBEREITUNG:
Den Backofen auf 180 °C vorheizen. Ein Backgitter einschieben.

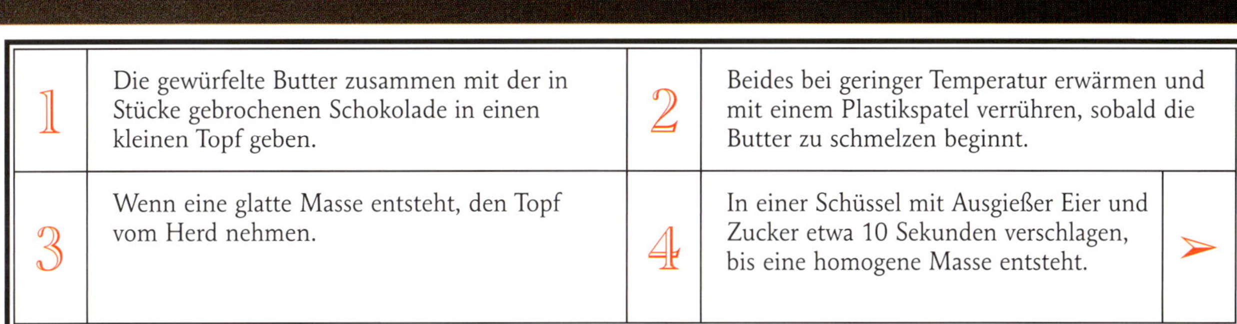

1	Die gewürfelte Butter zusammen mit der in Stücke gebrochenen Schokolade in einen kleinen Topf geben.	2	Beides bei geringer Temperatur erwärmen und mit einem Plastikspatel verrühren, sobald die Butter zu schmelzen beginnt.	
3	Wenn eine glatte Masse entsteht, den Topf vom Herd nehmen.	4	In einer Schüssel mit Ausgießer Eier und Zucker etwa 10 Sekunden verschlagen, bis eine homogene Masse entsteht.	➢

5	Die Schokoladenmasse auf die verschlagenen Eier geben und alles behutsam mit dem Schneebesen verrühren.	6	Portionsweise das Mehl zugeben und mit dem Teigspatel unterrühren.
		7	Vier kleine Auflaufformen von sieben Zentimeter Durchmesser fast bis zum Rand mit Teig füllen und 15–18 Minuten backen.

ZUM PRÜFEN DER FERTIGEN KUCHEN	DER TRICK
Ein Förmchen im Backofen leicht schütteln: der Inhalt sollte auf die Bewegung kaum reagieren. Achtung: Die Backzeit hängt von der Größe der Förmchen, ihrem Material und ihrer Dicke ab!	☛ Coulants sind kleine Kuchen mit einem flüssigen Kern. Sie lassen sich leicht im Voraus zubereiten. Die mit Teig gefüllten Formen einfach mit Klarsichtfolie abdecken und im Kühlschrank aufbewahren. Vor dem Servieren die Folie abziehen und die Kuchen 17–20 Minuten backen.

SCHOKOKUCHEN OHNE MEHL

FÜR 8 PORTIONEN • ZUBEREITUNG: 20 MINUTEN • BACKZEIT: 25 MINUTEN

5 Eier
170 g Zucker
220 g Butter, zusätzlich 10 g für die Form
200 g Schokolade mit 60% Kakaoanteil
80 g gemahlene Mandeln, gesiebt

VORBEREITUNG:
Den Backofen auf 180 °C vorheizen. Ein Backgitter einschieben.

Eine rechteckige oder runde Auflaufform (22 Zentimeter Durchmesser) einfetten und in den Kühlschrank stellen.

1	Die Eier in einer großen Schüssel verschlagen, dann den Zucker zugeben. Mit dem Schneebesen weiterschlagen, bis sich der Zucker ganz gelöst hat.	2	Butter und Schokolade bei mittlerer Hitze erwärmen. Sobald die Butter geschmolzen ist, die Temperatur reduzieren und mit einem Spatel rühren, bis auch die Schokolade geschmolzen ist.
3	Die Schokoladenmischung zu den Eiern geben und nur leicht verrühren. Die gemahlenen Mandeln einrühren.	4	Teig in die Form füllen, diese leicht anheben und auf die Arbeitsfläche fallen lassen, damit Luftblasen verschwinden. Kuchen 25 Minuten backen.

BROWNIE

FÜR 8–10 PORTIONEN • ZUBEREITUNG: 20 MINUTEN • RUHEZEIT: 10 MINUTEN • BACKZEIT: 30 MINUTEN

120 g Walnüsse
200 g Butter
115 g Schokolade mit 70% Kakaoanteil
200 g Zucker

4 Eier
3 g Vanilleextrakt
140 g Mehl
1 g Salz

VORBEREITUNG:
Backofen auf 180 °C vorheizen und ein Backgitter einschieben. Eine quadratische Auflaufform von 22 Zentimeter Länge einfetten. Die Butter in Würfel schneiden.

1	Die Walnüsse grob hacken oder mit den Fingern zerbröckeln.	2	Die Schokolade in Stücke brechen und mit den Butterwürfeln in einen Topf geben.	3	Mischung erwärmen, mit einem Spatel umrühren, sobald die Butter schmilzt.
4	Zucker zugeben und 2 Minuten einrühren. Zucker löst sich nicht völlig auf. Topf vom Herd nehmen.	5	Mischung in einer Schüssel 10 Minuten abkühlen lassen. Eier nach und nach mit den Schneebesen einrühren.	6	Vanilleextrakt zugeben und einrühren. ➢

7 8

9 10

7	Mehl und Salz in einer anderen Schüssel mischen und zur Schokomasse geben.	8	Alles mit dem Spatel verrühren, bis sich das Mehl fast völlig mit der Masse verbunden hat.
9	Zum Schluss die Walnüsse zugeben und unterrühren.	10	Den Teig in die Form geben und 30 Minuten backen. Den fertigen Kuchen auf einem Kuchengitter abkühlen lassen.

ZUM PRÜFEN DES FERTIGEN KUCHENS	AUFBEWAHRUNG
Wenn man leicht an der Form rüttelt und der Kuchen sich nicht mehr bewegt, ist er fertig. Sticht man mit einem Messer hinein, bleibt die Klinge allerdings nicht sauber.	Den Kuchen in einzelne Brownies mit je sechs Zentimeter Kantenlänge schneiden. Werden sie nicht gleich serviert, kann man sie einzeln in Klarsichtfolie wickeln. Im Kühlschrank halten sie sich bis zu 4 Tage.

SCHOKOLADENKUCHEN

FÜR 6 PORTIONEN • ZUBEREITUNG: 15 MINUTEN • BACKZEIT: 35 MINUTEN

3 Eier
150 g Zucker
140 ml Wasser
200 g Schokolade mit 52% Kakaoanteil, in Stücke gebrochen
135 g Butter
20 g Mehl
Kakaopulver

VORBEREITUNG:
Backofen auf 180 °C vorheizen und ein Backgitter einschieben. Eine Springform mit 22 Zentimeter Durchmesser einfetten und mit Backpapier auslegen.

1	Die Eier in einer Schüssel verschlagen und beiseitestellen.	2	Zucker und Wasser bei mittlerer Hitze mit dem Schneebesen verrühren, bis sich der Zucker auflöst.	3	Sobald sich der Zucker aufgelöst hat, die Mischung zum Kochen bringen und sofort vom Herd nehmen.
4	Die Schokolade zufügen und verrühren, bis sie geschmolzen ist.	5	Die gewürfelte Butter zugeben und gut verrühren.	6	Nach 5 Minuten die verschlagenen Eier unterrühren. ➢

7 8
9 10

7	Das Mehl auf die Schokoladenmischung sieben und mit dem Schneebesen einrühren.	8	Teig in die Form füllen, 30 Minuten backen (siehe Tipp). Der Kuchen ist fertig, wenn er sich bei leichtem Rütteln nicht mehr bewegt.
9	Den fertigen Kuchen 5 Minuten auf einem Kuchengitter abkühlen lassen, dann aus der Form nehmen und auf einen Teller stürzen.	10	Den völlig abgekühlten Kuchen in Klarsichtfolie wickeln.

11

Den Kuchen bis zum Servieren in den Kühlschrank stellen (kalt schmeckt er am besten). Zum Dekorieren den Kuchen vor dem Servieren dick mit Kakaopulver bestauben.

TIPP

☛ Sobald der Ofen vorgeheizt wird, ein zweites Backgitter (oder ein Blech) unter das erste einschieben. Kurz vor dem Einschieben des Kuchens einen hitzebeständigen tiefen Teller mit heißem Wasser füllen und diesen darauf stellen.

CARROT CAKE

FÜR 8 PORTIONEN • ZUBEREITUNG: 20 MINUTEN • BACKZEIT: 55 MINUTEN

180 g Mehl
4 g Backpulver
4 g Natron
4 g gemahlener Zimt
4 g Piment
4 g Salz

3 Eier und 210 g Zucker
140 g Sonnenblumenöl
60 g Apfelmus
230 g Möhren, gerieben
50 g Walnüsse, grob gehackt
50 g Rosinen

VORBEREITUNG:
Den Backofen auf 180 °C vorheizen. Eine Kastenform von 28 Zentimeter Länge einfetten.

1	In einer Schüssel Mehl, Natron, Backpulver, Piment und Salz mischen. Eine Mulde in die Mitte drücken.	2	In einer anderen Schüssel die Eier mit dem Schneebesen verschlagen.	3	Den Zucker zugeben und weiterschlagen, bis die Mischung cremig wird.
4	Langsam in dünnem Strahl das Öl zugießen und verrühren.	5	Das Apfelmus unterrühren.	6	Die flüssige Mischung in die Mehlmulde geben. ➢

7	Alles mit einem Teigspatel verrühren. Zwischendurch Möhren, Walnüsse und Rosinen zugeben. Den Teig so lange rühren, bis er homogen ist, dann in die Form füllen.	**TIPP** ☛ Damit sich der Teig gleichmäßig verteilt und entstandene Luftblasen verschwinden, die Form leicht anheben und auf die Arbeitsfläche fallen lassen.

8

Den Kuchen auf dem Backblech 55 Minuten backen. Sofort mit einem Messer an den Innenseiten der Form entlangfahren. Kuchen 15 Minuten auf einem Backgitter abkühlen lassen, aus der Form nehmen und wieder auf das Gitter setzen. Erst glasieren, wenn der Kuchen völlig abgekühlt ist. Zum Servieren in etwa zwei Zentimeter dicke Scheiben schneiden.

ZUM PRÜFEN DES FERTIGEN KUCHENS

☛ Der fertige Kuchen ist dunkelbraun und leicht rötlich. Für die Garprobe mit einem Messer in die Mitte des Kuchens stechen. Bleibt die Klinge beim Herausziehen sauber, ist der Kuchen fertig.

CARROT-CAKE-GLASUR

ZUBEREITUNG: 10 MINUTEN

45 g Doppelrahm-Frischkäse
25 g Butter
2 g Zitronensaft
3 g Vanilleextrakt
60 g Puderzucker

VORBEREITUNG:
Die Butter in Würfel schneiden und geschmeidig werden lassen.

1	Frischkäse und Butter mit einem Spatel gründlich verrühren, bis eine cremige Masse entsteht.	2	Die Masse zusammen mit Zitronensaft und Vanilleextrakt in der Küchenmaschine auf höchster Stufe 5 Sekunden verrühren. Die Wände der Schüssel mit dem Spatel sauber abkratzen.
3	Den Puderzucker zufügen und alles nochmals verrühren, bis die Masse cremig ist (maximal 10 Sekunden).	4	Glasur mit Klarsichtfolie abdecken. Im Kühlschrank hält sie sich maximal 4 Tage. Kuchen erst kurz vor dem Servieren überziehen.

25

BANANA NUT BREAD

FÜR 8–10 PORTIONEN • ZUBEREITUNG: 25 MINUTEN • BACKZEIT: 50–60 MINUTEN

150 g geschmeidige Butter
150 g Zucker
3 Eier, zimmerwarm
4 Bananen

9 g Vanilleextrakt
330 g Mehl
9 g Backpulver
75 g Walnüsse

VORBEREITUNG:
Den Backofen auf 165 °C vorheizen.

1 2
3 4

1	Die Butter 15 Sekunden mit dem elektrischen Handrührer verrühren, dann den Zucker zugeben.	2	Beides mit dem Handrührer einige Minuten verrühren, bis eine helle, lockere Masse entsteht.	
3	Die Eier in einer Schüssel (möglichst mit Ausgießer) verschlagen und langsam zur Buttermasse gießen. Dabei ständig auf mittlerer Stufe weiterrühren.	4	Die Bananen mit einer Gabel zerdrücken und zusammen mit dem Vanilleextrakt zur Buttermasse geben. Mit dem Schneebesen unterrühren.	

5	Die Walnüsse grob hacken und in einer Schüssel mit Mehl und Backpulver vermengen.		Die Mischung zur Bananenmasse geben und mit einem Spatel unterrühren, bis ein homogener Teig entsteht.

6

Den Teig in eine beschichtete oder eingefettete Guglhupfform füllen und diese auf ein Backblech setzen. Den Kuchen 50–60 Minuten backen. Den fertigen Kuchen 15 Minuten abkühlen lassen, dann aus der Form nehmen. Das Banana Nut Bread in nicht zu breite Scheiben schneiden und pur oder mit etwas Butter und Marmelade servieren.

VARIANTE

Statt der Guglhupfform kann auch eine Kastenform von 28 Zentimeter Länge verwendet werden. In diesem Fall den Kuchen bei 180 °C backen. In jedem Fall für die Garprobe mit einem Holzstäbchen in den Kuchen stechen. Bleibt das Stäbchen beim Herausziehen sauber, ist er fertig.

GINGER BREAD

FÜR 8–10 PORTIONEN • ZUBEREITUNG: 14 MINUTEN • BACKZEIT: 60 MINUTEN

100 g Butter, zusätzlich 10 g für die Form
320 g Mehl
3 g Salz
4 g Natron
5 g gemahlener Ingwer
3 g Piment
3 g Kakaopulver
2 g gemahlener Zimt
2 g gemahlene Muskatnuss
230 g Ahornsirup
150 g Zucker
110 ml Kefir
110 ml Vollmilch
1 Ei

VORBEREITUNG:
Backofen auf 180 °C vorheizen. Alle flüssigen Zutaten sowie das Ei sollten zimmerwarm sein. Die Butter zerlassen.

1	In einer mittelgroßen Schüssel Mehl, Natron, Salz, Gewürze und Kakao vermengen.	2	Zerlassene Butter, Ahornsirup, Zucker, Kefir, Vollmilch und das Ei in eine große Schüssel geben.
3	Alles mit dem Handrührer auf kleinster Stufe verrühren.	4	Die trockenen Zutaten zufügen und auf mittlerer Stufe unterrühren, bis ein homogener Teig entsteht. ➤

5	Eine Kastenform von 28 Zentimeter Länge großzügig einfetten. Den Teig in die Form füllen und 60 Minuten backen.	**TIPP** ☛ Statt des Kefirs können Sie auch Buttermilch oder 120 g Joghurt verwenden.

6	Den fertigen Kuchen aus dem Backofen nehmen, 10 Minuten abkühlen lassen, aus der Form nehmen und auf ein Kuchengitter setzen.	**ZUM SERVIEREN** Den Kuchen noch warm oder auf Raumtemperatur abgekühlt pur oder mit etwas Crème fraîche servieren. In Klarsichtfolie verpackt hält er sich bei Raumtemperatur bis zu 5 Tage.

MAISBROT

FÜR 8 PORTIONEN • ZUBEREITUNG: 15 MINUTEN • BACKZEIT: 30 MINUTEN

30 g zerlassene Butter, Butter für die Form
150 g Maisgrieß (nicht vorgegart)
150 g Mehl
8 g Backpulver
4 g Natron

20 g Zucker
4 g Salz
2 Eier
150 ml Vollmilch
150 ml Kefir

VORBEREITUNG:
Backofen auf 220 °C vorheizen, ein Backgitter einschieben. Kastenform (28 Zentimeter Länge) oder quadratische Auflaufform (18 Zentimeter Seitenlänge) einfetten.

1 2
3 4

1	Die Butter in einem kleinen Topf zerlassen und rasch wieder von der Herdplatte nehmen.	2	Maisgrieß, Mehl, Natron, Backpulver, Zucker und Salz in eine große Schüssel geben.	
3	Alles vermengen, dann in die Mitte eine Mulde drücken.	4	Die Eier aufschlagen und in die Mehlmulde geben. Mit einem Holzlöffel behutsam verrühren.	➢

5 6
7 8

5	Kefir und Vollmilch zugeben und alles gut verrühren, bis die trockenen Bestandteile fast nicht mehr zu sehen sind.	6	Die zerlassene Butter zugeben und so lange weiterrühren, bis ein homogener Teig entsteht.
7	Den Teig in die Form füllen und im Backofen in 30 Minuten goldbraun backen.	8	Den fertigen Kuchen aus dem Ofen nehmen und 5–10 Minuten auf einem Backgitter abkühlen lassen.

	ZUM SERVIEREN	ZUM AUFBEWAHREN
9	Das Maisbrot in Quadrate oder in Scheiben schneiden und noch warm mit etwas Butter servieren. Man kann es solo als Kuchen genießen oder als Beilage zu herzhaften Gerichten (z. B. Gemüsesuppe) servieren.	Zum Aufbewahren das Brot in Klarsichtfolie wickeln. Bei 180 °C für 5–10 Minuten wieder aufwärmen. **VARIANTE** Maisgrieß (etwa für Polenta) gibt es oft nur vorgegart zu kaufen. Dieser kann hier auch verwendet werden, das Maisbrot wird dann etwas trockener.

RAFFINIERTE LECKEREIEN

Gebäck aus Brandteig

Gebäck aus Blätterteig

Aus Mascarpone und Frischkäse

Gefüllte Köstlichkeiten

BRANDTEIG

ERGIBT 300 GRAMM • ZUBEREITUNG: 20 MINUTEN • BACKZEIT: 15–20 MINUTEN

120 ml Wasser
50 g Butter, gewürfelt
2 g Salz
75 g Mehl
2 ganz frische Eier

VORBEREITUNG:
Den Backofen auf 220 °C vorheizen. Ein Backblech mit Backpapier auslegen.

Die Eier in einer Schüssel verschlagen und beiseitestellen.

1	Wasser, Butter und Salz in einen Topf geben und bei mittlerer Hitze erwärmen, bis die Butter schmilzt.	2	Die Mischung kräftig aufkochen lassen, dann den Topf rasch vom Herd nehmen und auf einen Untersetzer stellen. Das Mehl zugeben.
3	Alles mit einem Holzlöffel verrühren, bis ein fester Teigball entsteht, der sich von der Topfwand löst.	4	Zunächst eine Hälfte der verschlagenen Eier unterrühren, dann die andere Hälfte. ➢

5

Die Masse rasch in einen Spritzbeutel (oder einen aufgeschnittenen Gefrierbeutel) füllen.

Kleine Häufchen in großzügigem Abstand auf das Backblech spritzen, damit der Teig beim Backen aufgehen und die heiße Luft gut zirkulieren kann.

ZUM FORMEN DER WINDBEUTEL

☛ Den mit Brandteig gefüllten Spritzbeutel senkrecht einige Zentimeter über dem Backblech halten. Aus dieser Position eine kleine Portion Teig auf das Blech spritzen.

6

Die Windbeutel 15 Minuten bei 220 °C backen, dann die Ofentür einen Spalt breit öffnen und die Windbeutel weitere 10 Minuten backen. Auf einem Backgitter abkühlen lassen.

DAMIT DIE WINDBEUTEL SCHÖN AUFGEHEN

Kurz bevor die Teigballen in den Backofen geschoben werden, diese mit den Zinken einer in Wasser getauchten Gabel leicht flach drücken. So erhalten sie eine gleichmäßige Form und können während des Backens schön aufgehen. Die Ofentür erst öffnen, wenn die Ballen leicht goldbraun sind.

GEFÜLLTE WINDBEUTEL

FÜR 25 STÜCK

700 Gramm einfache Dessertcreme (Rezept 02) und 25 Windbeutel zubereiten. Die Dessertcreme in einen Spritzbeutel füllen. Die Unterseite der Windbeutel mit der Messerspitze anstechen, die Spitze des Spritzbeutels hineinstecken und die Windbeutel mit Creme füllen.

KARAMELLGLASUR

FÜR 25 WINDBEUTEL

Für die Glasur von 25 Windbeuteln 100 Gramm Karamell (Rezept 09) zubereiten. Dabei den Karamell vom Herd nehmen, wenn er noch recht hell ist (er wird auch ohne weitere Hitzezufuhr dunkler). Die Windbeutel mit der Oberseite in den noch heißen Karamell tauchen und auf ein Backgitter setzen.

PROFITEROLES

✤ FÜR 20 STÜCK • ZUBEREITUNG: 10 MINUTEN • KOCHZEIT: 5 MINUTEN ✤

500 ml Vanilleeis
20 Windbeutel aus 300 g Brandteig (Rezept 28) zubereitet

SCHOKOLADENSAUCE (300 GRAMM):
110 g Schokolade
90 ml Milch
100 g Sahne

VORBEREITUNG:
Windbeutel etwas abkühlen lassen, mit einem Messer jeweils das obere Drittel abschneiden. Eis aus dem Gefrierfach nehmen. Die Schokolade in Stücke brechen.

1 2

3 4

1	Für die Schokoladensauce Milch und Sahne in einem Topf aufkochen lassen.	2	Topf vom Herd nehmen, Schokoladenstücke zugeben und Sauce glatt rühren. Sauce nochmals kurz erhitzen und beiseitestellen.
3	Die Windbeutel mithilfe eines Teelöffels mit reichlich Vanilleeis füllen, dann die obere Hälfte der Windbeutel wieder aufsetzen.	4	Etwas heiße Schokoladensauce in tiefe Teller gießen, jeweils zwei Profiteroles daraufsetzen und zusätzlich mit etwas Schokoladensauce übergießen.

SCHOKOLADENECLAIRS

FÜR 20 STÜCK • ZUBEREITUNG: 10 MINUTEN • KOCHZEIT: 5 MINUTEN

20 Eclairs von jeweils 10 Zentimeter Länge, zubereitet aus 300 Gramm Brandteig (Rezept 28)
700 g Dessertcreme mit Schokolade aromatisiert (Rezept 02)

FÜR DIE SCHOKOLADENGLASUR:
100 g Schokolade
80 g Puderzucker
40 g Butter
3 EL Wasser

VORBEREITUNG:
Die Eclairs von der Längsseite her mit einem Messer mittig einschneiden und mithilfe eines Spritzbeutels mit Dessertcreme füllen.

1 2

3 4

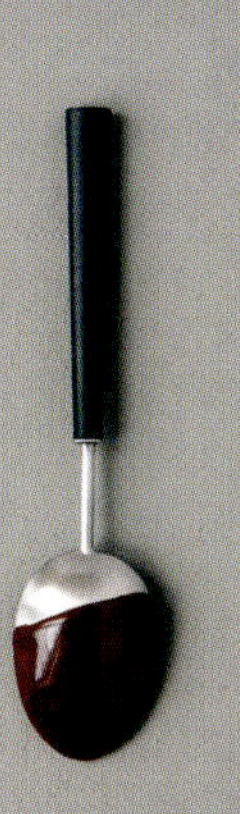

1	Für die Glasur zunächst die in Stücke gebrochene Schokolade bei geringer Hitze (oder im Wasserbad) schmelzen. Mit einem Spatel glatt rühren.	2	Topf auf der Herdplatte lassen und Puderzucker und gewürfelte Butter zugeben. Alles verrühren und schmelzen lassen. Topf vom Herd nehmen und löffelweise das Wasser einrühren.
3	Die Glasur etwas abkühlen lassen. Konsistenzprobe machen! Zu heiß ist sie zu flüssig, zu kalt lässt sie sich nicht mehr verstreichen.	4	Die gefüllten Eclairs auf ein Backgitter setzen und sie mit einem breiten Spatel mit reichlich Glasur überziehen.

BRANDTEIGBÄLLCHEN

FÜR 25 STÜCK • ZUBEREITUNG: 20 MINUTEN • BACKZEIT: 15 MINUTEN

FÜR 1 PORTION BRANDTEIG (300 GRAMM):
120 ml Wasser
2 g Salz
6 g Zucker
50 g Butter, gewürfelt
75 g Mehl
2 Eier
10 g Hagelzucker

1	Wasser, Butter, Salz und Zucker erhitzen und den Brandteig zubereiten wie im Rezept 28 beschrieben.	Kleine Portionen Brandteig mit großzügigem Abstand auf ein Backblech spritzen und mit Hagelzucker bestreuen.	Die Brandteigbällchen bei 200 °C 15 Minuten backen, dann bei leicht geöffneter Ofentür weitere 5 Minuten backen. Die fertigen Bällchen aus dem Backofen nehmen und auf dem Blech abkühlen lassen.

SAINT-HONORÉ-GEBÄCK

FÜR 4 STÜCK • ZUBEREITUNG: 20 MINUTEN • BACKZEIT: 15–20 MINUTEN

300 g Brandteig (Rezept 28)
350 g Dessertcreme (Rezept 02),
dazu ½ TL Rosenwasser
225 g Schlagsahne (Rezept 14),
dazu 2 Tropfen rote Lebensmittelfarbe
100 g Zuckerglasur (Rezept 15)
dazu 2 Tropfen rote Lebensmittelfarbe

VORBEREITUNG:
Ein Backblech mit Backpapier auslegen. Den Backofen auf 220 °C vorheizen. Die Dessertcreme zubereiten; dabei vor dem Erhitzen der Milch das Rosenwasser zugeben.

1 3
2

1	Vier Ringe sowie zwölf Bällchen auf das Blech spritzen. Bei 220 °C 10–15 Minuten, weitere 5 Minuten bei etwas geöffneter Ofentür backen.	3	Die Zuckerglasur (Rezept 15) zubereiten und am Ende die Lebensmittelfarbe einrühren.
2	Die fertigen Stücke 10 Minuten abkühlen lassen, dann auf ein Backgitter setzen. Die Ringe mit einem Messer halbieren und die Unterseite der Bällchen anstechen.		

➢

5	Mithilfe eines Spritzbeutels auf die Unterseite jedes Rings eine Schicht Dessertcreme spritzen und die Oberseite wieder aufsetzen. Auch die Bällchen mit der Creme füllen. Ringe und Bällchen mithilfe eines schmalen, flachen Spatels (oder eines Tortenmessers) mit der Glasur überziehen.	6	Die Schlagsahne (Rezept 14) zubereiten, dabei zuerst die Lebensmittelfarbe in die flüssige Sahne rühren.
		7	Die gefüllten Ringe jeweils auf einen Teller setzen und etwas Sahne in die Mitte jedes Rings geben.

8 Sofort servieren (oder vor dem Servieren maximal 1 Stunde gekühlt aufbewahren).

VARIANTE

Für ein noch ausgeprägteres Rosenaroma einfach noch einen halben Teelöffel Rosenwasser zur flüssigen Sahne geben, bevor diese steif geschlagen wird.

EINE EINFACHERE GLASUR

Die Glasur wird etwas flüssiger, wenn man einige Tropfen Zitronensaft zugibt.
Dann die Oberseite jedes Rings und jedes Bällchens in die halbflüssige Glasur tauchen.

KLASSISCHER BLÄTTERTEIG

ERGIBT 900 GRAMM • ZUBEREITUNG: 30 MINUTEN • KÜHLZEIT: 2 STUNDEN

320 g Butter
420 g Mehl
145 g sehr kaltes Wasser
20 g Zucker
12 g Salz

VORBEREITUNG:
Das Mehl auf die Arbeitsfläche geben und die gewürfelte Butter darauf verteilen.

1 2 3

4 5 6

1	Butter mit den Fingerspitzen in das Mehl einarbeiten. Einen Ring formen und Wasser hineingießen.	2	Salz und Zucker mit den Fingerspitzen im Wasser verrühren. Alles in die Mehlmischung einarbeiten.	3	Der Teig ist zunächst sehr grob und krümelig. Den Teig weiter mit den Händen gut bearbeiten.	
4	Sobald der Teig stabiler ist, mit dem Handballen auf die Arbeitsfläche drücken.	5	Der Teig sollte am Schluss nicht zu homogen sein. Zu einer Kugel formen.	6	Einen Block formen, in Folie wickeln, 1 Stunde kühl stellen.	➢

35

7 8 9

10 11 12

7	Den Teigblock auf die leicht bemehlte Arbeitsfläche setzen und ein Wellholz darauflegen.	8	Den Teig mit leichtem Druck zu einem Rechteck von 40 mal 25 Zentimetern ausrollen.	9	Zunächst das untere Teigdrittel in die Mitte schlagen, dann das obere Drittel darüberschlagen.
10	Den Teig nun von der anderen Seite her dreimal übereinanderfalten.	11	Das Teigpaket leicht mit der Handfläche auf die Arbeitsfläche drücken.	12	Mit dem Wellholz zu einem Rechteck von 15 mal 10 Zentimetern ausrollen.

13 14
15 16

13	Die letzten Arbeitsschritte wiederholen: Auf der bemehlten Arbeitsfläche den Teig zu einem Rechteck von 40 mal 25 Zentimetern ausrollen.	14	Die Teigplatte nochmals längs dreimal übereinanderfalten (wie in Schritt 9).
15	Daraufhin den Teig nochmals quer dreimal übereinanderfalten.	16	Wird nur die Hälfte benötigt, den Teig nochmals auf 20 mal 10 Zentimeter ausrollen und halbieren (eine Hälfte kann eingefroren werden). Teig vor Gebrauch 1 Stunde kühl stellen.

MILLEFEUILLES

FÜR 4 STÜCK • ZUBEREITUNG: 25 MINUTEN • BACKZEIT: 10–15 MINUTEN

350 g Dessertcreme (Rezept 02)
60 g Schlagsahne (Rezept 14)
450 g Blätterteig (Rezept 35)
10 g Puderzucker

VORBEREITUNG:
Eine nicht zu feste Dessertcreme zubereiten und in den Kühlschrank stellen.

Den Backofen auf 220 °C vorheizen. Ein Backblech mit Backpapier auslegen.

1 2
3 4

1	Die Schlagsahne löffelweise unter die Dessertcreme mischen.	2	Die Mischung mit Klarsichtfolie abdecken und in den Kühlschrank stellen.	
3	Den Blätterteig so groß ausrollen, dass die Teigplatte genau auf das Backblech passt (etwa 2–3 Millimeter dick).	4	Die Teigplatte mit einem scharfen Messer in zwölf Rechtecke schneiden und diese leicht mit einer Gabel einstechen.	➢

5 6

7 8

5	Die Hälfte der Teigstücke auf das Blech setzen (Rest im Kühlschrank aufbewahren) und 10 Minuten backen. (Sie dürfen nicht zu braun werden.) Dann restliche Teigstücke backen.	6	Den Backofengrill vorheizen. Vier Teigstücke umdrehen (Oberseite nach unten), mit Puderzucker bestauben und 1 Minute grillen, bis der Zucker karamellisiert.
7	Die anderen Teigstücke mit Dessertcreme bestreichen.	8	Jeweils zwei Rechtecke mit der Cremeseite nach oben aufeinandersetzen und ein karamellisiertes Rechteck oben aufsetzen.

9	Sofort servieren, damit die Dessertcreme den Blätterteig nicht aufweicht.	**SERVIERVARIANTE** Millefeuilles lassen sich auch als Kuchen servieren. Dazu die Ränder der Teigplatte abschneiden, damit sie gleichmäßig wird, dann Platte in drei Teile schneiden. **VARIANTE** Die Dessertcreme wird noch lockerer, wenn man den Sahneanteil erhöht.

DREIKÖNIGSKUCHEN

FÜR 6–8 PORTIONEN • ZUBEREITUNG: 30 MINUTEN • BACKZEIT: 35 MINUTEN • RUHEZEIT: 30 MINUTEN

450 g Blätterteig (Rezept 35)
1 Ei zum Bestreichen

FÜR DIE MANDELMASSE
300 g Mandelcreme (Rezept 04)
350 g Dessertcreme (Rezept 02)

VORBEREITUNG:
Backofen auf 240 °C vorheizen. Eine nicht zu feste Dessertcreme zubereiten. Davon 125 Gramm abwiegen. Rest für eine andere Verwendung im Kühlschrank aufbewahren.

1	Die Dessertcreme löffelweise unter die Mandelcreme rühren. Die Mischung mit Klarsichtfolie abdecken und in den Kühlschrank stellen.	2	Den Blätterteig aus dem Kühlschrank nehmen, halbieren und beide Hälften zu einem Quadrat mit etwa 25 Zentimeter Seitenlänge ausrollen.	
3	Eine der Teigplatten auf ein mit Backpapier ausgelegtes Backblech legen. Mit dem Ring einer Springform einen Teigkreis von 24 Zentimeter Durchmesser ausstechen.	4	Rand der Teigplatte etwa einen Zentimeter breit mit dem verschlagenen Ei bestreichen. Aus der zweiten Teigplatte einen weiteren Kreis ausstechen.	➢

5 6
7 8

5	Den Teigkreis auf dem Backblech von der Mitte her mit der Mandelmasse bestreichen, dabei einen Rand von drei Zentimetern frei lassen.	6	Den zweiten Teigkreis auf den ersten legen und die Ränder fest andrücken, damit beide Kreise sich gut miteinander verbinden.
7	Die Oberseite des Kuchens mit dem restlichen verschlagenen Ei bestreichen und mit einem Messer von der Mitte aus mit bogenförmigen Schnitten verzieren.	8	Kuchenrand dekorativ einschneiden. Oberseite mit kleinen Löchern versehen (das größte in der Mitte), damit beim Backen die heiße Luft entweichen kann. 30 Minuten kühl stellen.

9	Den Kuchen bei 240 °C backen. Sobald der Kuchen schön aufgegangen ist (etwa nach 15 Minuten), die Temperatur im Backofen auf 200 °C herunterschalten. Die Backzeit beträgt insgesamt 35 Minuten. Den Dreikönigskuchen warm oder kalt servieren.	**EINFRIEREN** Den Kuchen vor dem Backen auf einen Teller setzen, ohne ihn mit Ei zu bestreichen oder zu verzieren. Den Kuchen zunächst für 12 Stunden ins Gefrierfach stellen, damit er hart wird, dann in einen Gefrierbeutel geben und diesen gut verschließen. Vor dem Verzehr den noch gefrorenen Kuchen mit Ei bestreichen, verzieren und in insgesamt 45 Minuten backen.

TIRAMISU

FÜR 6–8 PORTIONEN • ZUBEREITUNG: 25 MINUTEN • RUHEZEIT: 6 STUNDEN

250 ml starker Kaffee (z. B. Espresso)
5 sehr frische Eier
60 g Zucker
500 g Mascarpone
300 g Löffelbiskuits (etwa 35 Stück)
2 EL Kakao

VORBEREITUNG:
Den heißen Kaffee in eine Schüssel geben, 10 Gramm (einen Esslöffel) Zucker einrühren und die Mischung abkühlen lassen.

1 2

3 4

1	Eiweiße und Eigelbe trennen. Die Eigelbe mit dem restlichen Zucker (50 Gramm) hell und schaumig schlagen.	2	Den Mascarpone zugeben und mit dem Handrührer verrühren, damit die Mischung schön luftig wird.	
3	Die Eiweiße zu nicht allzu steifem Schnee schlagen.	4	Den Eischnee mit einem Spatel in zwei Portionen unter die Mascarponemischung heben.	➢

5

6

5	Einige Löffelbiskuits in den Kaffee tunken und rasch wieder herausnehmen, damit sie nicht zerfallen. Den Boden einer großen quadratischen Auflaufform damit auslegen.	6	Eine Schicht Mascarponecreme darübergeben. Darüber noch zweimal jeweils Löffelbiskuits und Creme schichten. Die Auflaufform mit Klarsichtfolie abdecken und für mindestens 6 Stunden in den Kühlschrank stellen.

7	Kurz vor dem Servieren das Tiramisu mithilfe eines kleinen Siebs mit Kakao bestauben.	**TIPP** ☛ Löffelbiskuits sind sehr weich und dürfen deshalb nicht zu lange im Kaffee eingeweicht werden. Alternativ kann man auch etwas härtere, dünnere Biskuitstangen verwenden, die dann aber einige Sekunden länger im Kaffee eingeweicht werden sollten. Um die Salmonellengefahr gering zu halten, achten Sie darauf, nur ganz frische Eier zu verwenden.

39

KÄSEKUCHEN MIT MASCARPONE

FÜR 10–12 PORTIONEN • ZUBEREITUNG: 20 MINUTEN • BACKZEIT: 75 MINUTEN • RUHEZEIT: 3–12 STUNDEN

FÜR DEN BODEN:
75 g Butter
40 g Zucker
125 g Butterkekse

FÜR DEN BELAG:
400 g Doppelrahm-Frischkäse
220 g Zucker
200 g Mascarpone
3 Eier, 10 g Vanilleextrakt

VORBEREITUNG:
Backofen auf 150 °C vorheizen. Backgitter einschieben, ein zweites darunter einschieben und einen tiefen Teller mit heißem Wasser daraufstellen.

1	Die Butterkekse in der Küchenmaschine zu Bröseln zerkleinern.	2	Die Butter in einem kleinen Topf zerlassen und vom Herd nehmen.	3	In einer Schüssel Zucker und Keksbrösel vermengen.
4	Die zerlassene Butter darübergießen und alles mit einer Gabel verrühren.	5	Bröseligen Teig in eine Springform von 20 Zentimeter Durchmesser geben.	6	Teigboden fest andrücken, die Form 5–10 Minuten kühl stellen. ➤

7 8

9 10

7	Frischkäse und Zucker in der Küchenmaschine 1 Minute kräftig verrühren, bis die Mischung weich ist.	8	Mascarpone zugeben und nochmals 10–20 Sekunden rühren. Die Schüsselwände mithilfe eines Spatels säubern.
9	Eier nach und nach unterrühren (jedes Mal warten, bis das vorherige Ei ganz eingerührt ist). Die Wände der Schüssel erneut säubern, dann den Vanilleextrakt rasch unterrühren.	10	Die Mischung auf den Teigboden in die Form füllen.

11	Den Kuchen auf dem oberen Backgitter 75 Minuten backen. (Der Käsekuchen sollte am Ende der Backzeit in der Mitte nicht mehr flüssig sein.)	**RUHEZEIT** Den fertigen Käsekuchen aus dem Backofen nehmen und auf einem Backgitter abkühlen lassen. Den abgekühlten Kuchen mit Klarsichtfolie abdecken und vor dem Servieren im Kühlschrank mindestens 3 Stunden kalt stellen. Ideal ist eine Ruhezeit von 12 Stunden.

FIADONE

FÜR 6–8 PORTIONEN • ZUBEREITUNG: 20 MINUTEN • BACKZEIT: 45 MINUTEN

500 g Brocciu (korsischer Frischkäse, ersatzweise Ricotta)
Schale von 1 unbehandelten Zitrone
5 Eier
140 g Zucker
1 Prise Salz
1 TL Schnaps (siehe »Trick«)
Olivenöl für die Form

VORBEREITUNG:
Den Brocciu 1 Stunde abtropfen lassen. Eine Springform von 25 Zentimeter Durchmesser mit Olivenöl einfetten. Backofen auf 180 °C vorheizen.

1	Die Eier in Eigelbe und Eiweiße trennen.	2	Die Eigelbe und den Zucker mit dem elektrischen Handrührer oder dem Schneebesen hell und schaumig schlagen.	3	Den Brocciu in zwei Portionen mit dem Schneebesen einrühren. Zitronenschale und Schnaps zugeben.
4	Die Eiweiße mit dem Salz zu steifem Schnee schlagen.	5	Den Eischnee mithilfe eines Spatels unter die Frischkäsemasse heben.	6	Den Teig dabei so wenig wie möglich umrühren. ➢

7	Den Teig in die Form füllen und mit einem Spatel leicht glatt streichen.	TIPP ☛ In diesem Rezept kann der Eischnee recht rasch untergehoben werden. Man muss nicht zu sehr darauf achten, dass er nicht zusammenfällt, da der Teig nicht sehr luftig sein muss.

8

Bei 180 °C 45 Minuten backen, auf einem Backgitter abkühlen lassen. Mit Klarsichtfolie abdecken und bis zum Servieren kühl stellen.

SERVIEREN

Dieser Kuchen wird kalt und nach Belieben mit etwas rotem Beerenkompott (Rezept 13) oder roter Fruchtsauce serviert.

DER TRICK

☛ Fiadone kommt ursprünglich aus Korsika, wo der Käsekuchen immer mit dem dort typischen Myrtenschnaps verfeinert wird. Dieser lässt sich allerdings durch jeden beliebigen Schnaps ersetzen.

FRUCHTROULADE

✦ **FÜR 8 PORTIONEN** • ZUBEREITUNG: 40 MINUTEN • BACKZEIT: 10 MINUTEN ✦

FÜR DEN BISKUITTEIG:
35 g Butter
75 g Zucker plus 1 TL für den Eischnee
75 g Mehl
3 Eiweiß und 4 Eigelb

FÜR DIE FRUCHTFÜLLUNG:
50 g Zucker
70 ml Wasser
1 TL Vanilleextrakt
250 g Erdbeerkonfitüre

VORBEREITUNG:
Den Backofen auf 240 °C vorheizen.
Ein Backblech (40 mal 30 Zentimeter) mit Backpapier auslegen.

1 2 3

4 5 6

1	Für den Biskuitteig die Butter in einem kleinen Topf zerlassen.	2	Das Backpapier auf dem Blech mit etwas zerlassener Butter bestreichen.	3	Die Eigelbe mit 75 Gramm Zucker mit dem Handrührer auf mittlerer Stufe etwa 5 Minuten schlagen.
4	Mehl mit einem Spatel einrühren, dabei die Mischung nicht zu stark umrühren.	5	Eiweiße zu steifem Schnee schlagen, nach und nach den Zucker einrieseln lassen.	6	Eischnee und zerlassene Butter auf die Eigelbmasse geben. ➢

7 8
9 10

7	Alles behutsam vermengen, den Teig aus der Schüssel auf das Blech gleiten lassen (darauf achten, dass die Luftbläschen erhalten bleiben).	8	Den Teig mit einem breiten, flachen Spatel sachte auf dem Blech glattstreichen.
9	Den Biskuitteig 7 Minuten backen, bis er leicht gebräunt ist.	10	Die Biskuitplatte aus dem Backofen nehmen und rasch mit der Oberseite nach unten auf eine leicht gefettete Arbeitsfläche stürzen.

11	Backpapier abziehen, Biskuitplatte mit einem Küchentuch abdecken und noch warm mit dem Küchentuch aufrollen.

DER TRICK

☛ Teig gleichmäßig auf dem Blech verteilen, damit die Teigschicht überall gleich hoch wird. Ist sie das nicht, trocknet der Teig an den dünneren Stellen aus.

ACHTUNG

☛ Beim Verstreichen des Teigs mit dem Spatel sehr behutsam vorgehen, damit die Luftbläschen nicht zerstört werden; denn durch sie wird der Biskuitteig luftig und locker.

12	Für die Füllung Wasser und Zucker in einem kleinen Topf erwärmen.	13	Mit dem Schneebesen verrühren, bis sich der Zucker gelöst hat. Aufkochen lassen, vom Herd nehmen.	14	Vanilleextrakt in die erkaltete Mischung einrühren.
15	Biskuitplatte ausrollen und mit einem Backpinsel den Vanillesirup aufstreichen.	16	Konfitüre aufstreichen (zwei Esslöffel zurückbehalten), Biskuitplatte aufrollen.	17	Die zwei Esslöffel Konfitüre mit einem Esslöffel Wasser erwärmen und verrühren.

18	Die gesamte Roulade mit der leicht verdünnten Konfitüre überziehen.	**AUFBEWAHREN** Die Roulade hält sich im Kühlschrank bis zu 4 Tage.

TIPP 1	**TIPP 2**
Die Biskuitplatte im Voraus backen und gleich einrollen, sobald sie aus dem Ofen kommt. In Klarsichtfolie wickeln.	Soll die Roulade noch dichter werden, Biskuitplatte nur zu zwei Dritteln mit Konfitüre bestreichen und von der unbestrichenen Seite her einrollen.

KAFFEEROULADE

FÜR 10 PORTIONEN • ZUBEREITUNG: 20 MINUTEN • BACKZEIT: 5 MINUTEN • RUHEZEIT: 1 STUNDE

1 fertige Biskuitplatte (Rezept 41)
(etwa 20 Zentimeter breit)
300 g Buttercreme, mit Kaffee-Extrakt-aromatisiert (Rezept 03)

FÜR DEN KAFFEESIRUP:
50 g Zucker
70 ml Wasser
1 g Kaffee-Extrakt

1 2

3 4

1	Zucker und Wasser erwärmen, bis sich der Zucker gelöst hat. Aufkochen, vom Herd nehmen, abkühlen lassen, Kaffee-Extrakt zugeben.	2	Die Biskuitplatte mit dem Kaffeesirup bestreichen. Anschließend drei Viertel der Platte mit der Kaffeecreme bestreichen.
3	Die Roulade von der unbestrichenen Seite her so dicht wie möglich aufrollen.	4	Mithilfe eines Spatels die Roulade mit der restlichen Creme überziehen und vor dem Servieren für 1 Stunde im Kühlschrank kalt stellen.

MOHNSCHNITTEN

FÜR 12 PORTIONEN • ZUBEREITUNG: 35 MINUTEN • BACKZEIT: 35 MINUTEN

400 g Mohn und 200 g Zucker
50 g Butter und 50 g Honig
20 g gemahlene Mandeln
1 Päckchen Vanillezucker
Schale von 1 unbehandelten Zitrone und
30 g Rosinen, in weißen Rum eingelegt
2 Eiweiße und 1 ganzes Ei zum Bestreichen
400 g Auslegeteig (Rezept 66)

VORBEREITUNG:
Den Backofen auf 180 °C vorheizen.

1 2

3 4

1	Eine quadratische Auflaufform mit 22 Zentimeter Seitenlänge (oder eine rechteckige Form) einfetten.	2	Den Auslegeteig halbieren und jede Hälfte auf die Größe der Auflaufform ausrollen.	
3	Überstehende Ränder abschneiden und eine Teigplatte in die Form legen.	4	Die Butter in einem kleinen Topf zerlassen. Vom Herd nehmen und beiseitestellen.	➢

5 6 7

8 9 10

5	Den Mohn portionsweise in der Kaffeemühle mahlen und nach und nach in eine große Schüssel geben.	6	Den Zucker zugeben und mit dem Mohn vermengen.	7	Die zerlassene Butter unterrühren, den Honig zugeben und einrühren.
8	Gemahlene Mandeln und Vanillezucker zugeben.	9	Zum Schluss Zitronenschale und eingelegte Rosinen zufügen.	10	Die Eiweiße zu steifem Schnee schlagen.

11 12
13 14

11	Den Eischnee behutsam unter die Mohnmasse heben.	12	Die Mischung auf die Teigplatte in der Form geben.
13	Die zweite Teigplatte daraufsetzen und mit dem verschlagenen Ei bestreichen.	14	Im Backofen 35 Minuten backen und zum Servieren in quadratische Schnitten schneiden.

SCHOKOLADEN-CHARLOTTE

FÜR 6–8 PORTIONEN • ZUBEREITUNG: 15 MINUTEN • RUHEZEIT: 3 STUNDEN

25 Löffelbiskuits
50 ml Wasser
50 ml Rohrzuckersirup

600 g Mousse au Chocolat (Rezept 06)
50 g Schokolade, geraspelt

VORBEREITUNG:
Die Mousse au Chocolat zubereiten und in den Kühlschrank stellen.

1 2

3 4

1	Boden einer runden hohen Form (15 Zentimeter Durchmesser) einfetten. Kreis aus Backpapier ausschneiden, in die Form legen und einfetten.	2	Zuckersirup und Wasser in einem tiefen Teller verrühren.	
3	Zehn Löffelbiskuits für den Boden der Charlotte beiseitelegen. Die restlichen Biskuits der Reihe nach in die Sirupmischung tauchen.	4	Die Biskuits senkrecht nebeneinander am Rand in die Form stellen, die abgerundete Seite nach außen.	➢

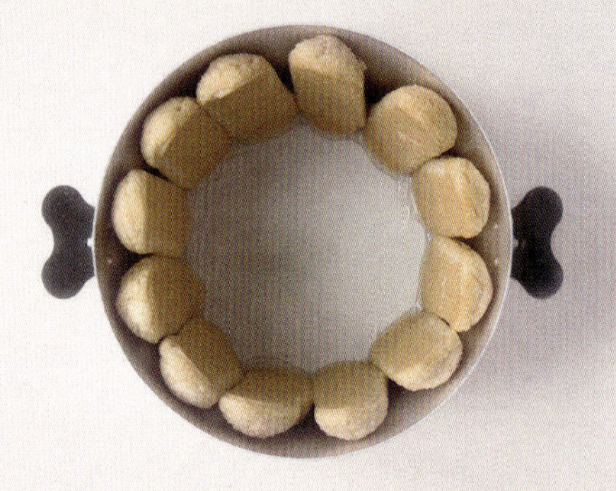

5 6
7 8

5	Auf diese Weise die Form ringsherum mit Biskuits auslegen, dabei den Boden frei lassen.	6	Die Mousse au Chocolat in die Mitte der Form füllen.
7	Die restlichen zehn Löffelbiskuits rasch in den Zuckersirup tauchen und auf der Schokoladenmousse verteilen.	8	Zwei Teller in der Größe der Form auf die Charlotte setzen, alles in Klarsichtfolie wickeln und für 3 Stunden in den Kühlschrank stellen.

	ZUM STÜRZEN	ZUM SERVIEREN
9	Zum Stürzen der Charlotte zunächst Klarsichtfolie und Teller entfernen. Den Boden der Form in sehr heißes Wasser tauchen, einen großen Teller auf die Form setzen und die Charlotte daraufstürzen. Vorsichtig das Backpapier abziehen, mit Schokoladenraspeln bestreuen und sofort servieren.	Die Schokoladen-Charlotte am besten mit etwas Englischer Creme (Rezept 01) servieren.

BAISERTORTE

FÜR 6 PORTIONEN • ZUBEREITUNG: 55 MINUTEN • BACKZEIT: 90 MINUTEN • EINFRIEREN: 2 STUNDEN

½ l Vanilleeis
½ l Erdbeereis
250 g rotes Beerenkompott (Rezept 13) als Beilage
Einige frische Beeren zum Dekorieren

FÜR DAS BAISER:
3 Eiweiß
Die gleiche Menge an extrafeinem Zucker (100 g)
Die gleiche Menge an Puderzucker (100 g)

230 g Schlagsahne (Rezept 14)

1 2
3 4

1	Für das Baiser die Eiweiße in einer Schüssel zu steifem Schnee schlagen. Dabei den extrafeinen Zucker nach und nach einrieseln lassen.	2	Die Eiweiße weiter zu steifem Schnee schlagen. Den Puderzucker darübersieben und mit einem Spatel unterheben.	
3	Mit einem Topf von 12 Zentimeter Durchmesser als Vorlage zwei Kreise auf Backpapier zeichnen. Mithilfe eines Spritzbeutels die Baisermasse spiralförmig in die Kreise spritzen.	4	Zusätzlich lange Baiserstreifen aufspritzen. Alles bei 90 °C 90 Minuten trocknen. Eis 10–20 Minuten vor Ende der Backzeit aus dem Gefrierfach nehmen.	

5	Den Topf, der als Vorlage für die Kreise diente, innen mit Klarsichtfolie auslegen. Diese dabei am Rand großzügig überstehen lassen.	6	Beide Eissorten in eine Schüssel geben und mit einem Esslöffel verrühren, damit das Eis weich und geschmeidig wird.
7	Sobald das Baiser ganz abgekühlt ist, eine Scheibe auf den Boden des Topfes legen.	8	Das Eis zufügen und dabei den Topf fast bis zum Rand füllen.

9	Die zweite Baiserscheibe auflegen und den Topf für mindestens 2 Stunden ins Gefrierfach stellen.	**DER TRICK** ☛ Die Baiserscheiben sollten etwas kleiner sein als der Topf, damit sie sich leicht einlegen lassen, ohne zu zerbrechen. Jedoch dürfen sie auch nicht zu klein sein, denn die Schüssel dient hier als Backformersatz zum Aufbau der Torte, und die Baiserscheiben sollten genau ihrer Größe angepasst sein.	

10 11
12 13

10	Baiserstangen 1 Stunde vor dem Servieren in kurze Stücke schneiden, die der Topfhöhe entsprechen. Schlagsahne zubereiten (Rezept 14).	11	Topf aus dem Gefrierfach nehmen, Baisertorte vorsichtig an der Klarsichtfolie aus dem Topf heben und (ohne Folie) auf eine Platte setzen.
12	Die Seiten der Torte mit reichlich Schlagsahne bedecken und diese mit einem breiten, flachen Spatel glatt streichen.	13	Die Torte ringsherum mit den Baiserstangen verzieren, dann nochmals 15–20 Minuten ins Gefrierfach stellen, damit die Sahne fest wird und die Baiserstangen halten.

14	Die restliche Schlagsahne in den Kühlschrank stellen. Kurz vor dem Servieren die Oberseite der Torte mit einer Schicht Sahne bedecken. Zusätzlich mithilfe eines Spritzbeutels kleine Sahnerosetten aufspritzen und die Torte mit den frischen Beeren garnieren. Mit dem roten Fruchtkompott servieren.	**VARIANTE** Alternativ kann man zum Füllen der Baisertorte auch Karamell- und Schokoladeneis verwenden. In diesem Fall schmeckt dazu Karamellsauce mit gesalzener Butter (Rezept 10).

KLEINES GEBÄCK

4

FRANZÖSISCHES BAISER

✦ **ERGIBT 250 GRAMM** • ZUBEREITUNG: 10 MINUTEN • BACKZEIT: 90–120 MINUTEN ✦

3 Eiweiß
Die gleiche Menge extrafeiner Zucker (etwa 100 g)
Die gleiche Menge Puderzucker (etwa 100 g)

VORBEREITUNG:
Den Backofen auf 90 °C vorheizen.
Ein Backblech mit Backpapier auslegen.

1 2
3 4

1	Die Eiweiße in einer Schüssel steif schlagen, dabei den extrafeinen Zucker nach und nach einrieseln lassen.	2	Das Eiweiß weiter zu steifem Schnee schlagen. Den Puderzucker darübersieben und mit einem Spatel unterheben.
3	Mithilfe eines Suppenlöffels runde Baisers auf das Backblech setzen und je nach Dicke 90–120 Minuten im Backofen trocknen lassen.	4	Die fertigen Baisers im ausgeschalteten Backofen bei geschlossener Tür abkühlen lassen. Sie lassen sich leicht vom Backblech lösen.

BLAUBEERMUFFINS

FÜR 6 STÜCK • ZUBEREITUNG: 15 MINUTEN • BACKZEIT: 25 MINUTEN

30 g Butter
1 Ei
80 g Zucker
150 g Crème fraîche

120 g Mehl
2 g Salz
6 g Backpulver
70 g gefrorene Blaubeeren

VORBEREITUNG:
Den Backofen auf 180 °C vorheizen. Sechs Muffinförmchen einfetten.

1

2

1	Die Butter zerlassen und vom Herd nehmen. Das Ei mit dem Zucker verrühren. Sobald die Masse leicht cremig wird, die zerlassene Butter zugeben und mit dem Schneebesen einrühren. Dann die Crème fraîche portionsweise einrühren.	2	Mehl, Salz und Backpulver in einer Schüssel vermengen. Die Blaubeeren aus dem Gefrierfach nehmen und sofort unter die Mehlmischung rühren. In die Mitte eine Mulde drücken, die flüssigen Zutaten hineingießen und rasch einrühren.	

3

Vertiefungen der Muffinform mit dem Teig füllen. (Zügig vorgehen, damit die Blaubeeren nicht auftauen.) Muffinform leicht auf die Arbeitsfläche fallen lassen, damit sich der Teig gleichmäßig verteilt. Muffins 25 Minuten backen. Form aus dem Ofen nehmen, mit einem Messer an den Rändern entlangfahren, Muffins 10 Minuten in der Form abkühlen lassen.

DER TRICK

☛ Der Teig sollte beim Vermengen der trockenen und flüssigen Teile nicht zu stark gerührt werden, denn sonst werden die Muffins leicht zu fest. Außerdem die Vertiefungen nicht bis zum Rand füllen, da die Muffins im Ofen noch aufgehen und sich die typische runde Haube bildet.

4

Die leicht abgekühlten Muffins aus der Form nehmen und auf einem Backgitter ganz auskühlen lassen.

SERVIEREN

Nach traditioneller amerikanischer Art serviert man diese Muffins zum Frühstück mit Tee oder Kaffee und etwas Butter.

SCHOKOLADENMUFFINS

EINE VARIANTE DER BLAUBEERMUFFINS

90 Gramm Mehl mit 20 Gramm gesiebtem Kakao und zwei Gramm Backpulver vermengen. In einer anderen Schüssel 80 Gramm Zucker mit zwei Eiern verschlagen. 90 Gramm zerlassene Butter und anschließend 75 Milliliter Milch zugeben und einrühren. Die Mischung zum Mehl geben und unterrühren. Zum Schluss 50 Gramm grob gehackte dunkle Schokolade zugeben und einrühren.

BANANENMUFFINS

EINE VARIANTE DER BLAUBEERMUFFINS

135 Gramm Mehl mit zwei Gramm Natron, zwei Gramm Backpulver, zwei Gramm gemahlenem Zimt und einer Prise Salz vermengen. In einer anderen Schüssel ein Ei mit 150 Gramm Zucker verschlagen. 40 Gramm zerlassene Butter, zwei kleine, weiche, mit der Gabel zerdrückte Bananen und 30 Milliliter Vollmilch zugeben. Die Mischung zu den trockenen Zutaten geben und alles zu einem Teig verrühren.

VOLLKORN-ROSINEN-MUFFINS

EINE VARIANTE DER BLAUBEERMUFFINS

70 Gramm Cerealien in 230 Milliliter Milch einweichen. Ein Ei mit 100 Gramm Rohrzucker verschlagen, 50 Milliliter Pflanzenöl zugießen und vier Gramm Vanilleextrakt zugeben. Milch und Flocken einrühren. In einer anderen Schüssel 120 Gramm Mehl mit vier Gramm Natron und zwei Gramm Salz vermengen. Flüssige Zutaten unterrühren. 75 Gramm Rosinen zugeben.

HAFERFLOCKENMUFFINS

EINE VARIANTE DER BLAUBEERMUFFINS

In 175 Milliliter Milch 80 Gramm Haferflocken einweichen. Ein Ei mit 50 Gramm hellem Rohzucker verschlagen, 50 Gramm zerlassene Butter und vier Gramm Vanilleextrakt einrühren. Milch und Haferflocken zugeben. In einer anderen Schüssel 110 Gramm Mehl mit vier Gramm Backpulver, zwei Gramm Zimt und zwei Gramm Salz vermengen. Flüssige Zutaten einrühren. 60 Gramm Apfelwürfel zugeben.

MADELEINES

FÜR 18 STÜCK • ZUBEREITUNG: 20 MINUTEN • BACKZEIT: 10 MINUTEN • RUHEZEIT: MINDESTENS 2 STUNDEN

75 g Butter
2 ganze Eier, zusätzlich 1 Eigelb
70 g Zucker
Mark von ½ Vanilleschote

60 g Mehl
2 g Backpulver
2 g Salz

VORBEREITUNG:
Die ganzen Eier und das Eigelb in einer Schüssel verschlagen.

1	Die Butter zerlassen und bei geringer Hitze auf dem Herd stehen lassen.	2	Das Vanillemark und den Zucker unter die verschlagenen Eier rühren.	3	Mehl mit Salz und Backpulver mischen.	
4	In die Eimischung geben und alles mit einem Spatel verrühren, bis ein homogener Teig entsteht.	5	Unter ständigem Rühren langsam die zerlassene Butter zugießen.	6	Teig mit Folie abdecken und 2 (höchstens 12) Stunden kühl stellen.	➢

7	Den Backofen auf 210 °C vorheizen. Die Vertiefungen der Madeleineform sorgfältig einfetten, mit Mehl bestauben und das überschüssige Mehl abklopfen. Die Form auf ein Backblech stellen. Mithilfe eines Löffels jede Vertiefung fast bis zum Rand mit Teig füllen.	**EINIGE TIPPS** ☛ Wenn man den Teig abdeckt, bevor er in den Kühlschrank kommt, sollte man die Klarsichtfolie direkt auf den Teig und nicht über den Schüsselrand legen. Wenn man beschichtete Backformen verwendet, müssen diese nicht vorher eingefettet werden. Achtung: Der Backofen muss sehr heiß sein, damit die Madeleines aufgehen können, ohne trocken zu werden.

8	Die Madeleines etwa 10 Minuten backen.

ZUM STÜRZEN

Die Madeleines unmittelbar nach der Backzeit aus den Vertiefungen nehmen, dann zum Abkühlen wieder zurücksetzen. Die Madeleines erst servieren, wenn sie völlig abgekühlt sind.

DER TRICK

☛ Wenn die Madeleines im Ofen leicht aufgegangen sind, nach etwa 2–3 Minuten, die Temperatur auf 170 °C herunterschalten und die Madeleines weiterbacken, bis sie goldbraun sind (in etwa 8 Minuten).

SCHOKOLADENMAKRONEN

FÜR 10 STÜCK • ZUBEREITUNG: 25 MINUTEN • BACKZEIT: 11 MINUTEN • RUHEZEIT: MINDESTENS 20 MINUTEN

100 g Schokoladen-Ganache (Rezept 07)
FÜR DIE MAKRONENMASSE:
45 g geschälte, gemahlene Mandeln
80 g Puderzucker
10 g Kakao
1 Eiweiß
10 g extrafeiner Zucker
2 Tropfen rote Lebensmittelfarbe

VORBEREITUNG:
Ein Backblech mit Silikon oder Backpapier auslegen. Spritzbeutel mit glatter Tülle bereithalten.

1	Mandeln, Puderzucker und Kakao in der Küchenmaschine vermengen. Die Maschine oft anhalten und Schüsselwände mit einem Spatel säubern, damit die Mischung nicht anklebt.	2	Die Mischung durch ein feinmaschiges Sieb streichen, grobe Teile wegwerfen.
3	Eiweiße mit dem Handrührer steif schlagen. Nach und nach den Zucker einrieseln lassen und Eiweiße weiter zu steifem Schnee schlagen.	4	Lebensmittelfarbe tropfenweise zugeben und mit einem Spatel unterheben, bis der Eischnee gleichmäßig gefärbt ist. ➢

5	Die Mandelmischung nach und nach zugeben und mit dem Spatel unter den Eischnee heben.	6	Beim Unterheben behutsam vorgehen, damit eine homogene Masse entsteht.
7	Den Spritzbeutel füllen und in großzügigem Abstand Makronen auf das Backblech spritzen. Blech anheben und auf die Arbeitsfläche fallen lassen. Backofen vorheizen (Umluft 160 °C).	8	Makronen an der wärmsten Stelle der Küche einige Zeit (20 Minuten bis zu mehrere Stunden, wenn es feucht ist) fest werden lassen. (Zum Prüfen leicht mit dem Finger berühren.)

9 Kleine Makronen 11 Minuten, mittelgroße 15 Minuten backen.

DER TRICK

☛ Die Makronen lassen sich am besten vom Backpapier lösen, wenn sie ganz erkaltet sind.

DIE FÜLLUNG

Mit einem Löffel etwas Schokoladen-Ganache auf die flache Seite einer Makrone geben und eine zweite Makrone ebenfalls mit der flachen Seite von oben auf die Creme setzen. Beide Makronen leicht zusammendrücken, damit sich die Creme gleichmäßig dazwischen verteilt.

54

HIMBEERMAKRONEN

EINE VARIANTE DER SCHOKOLADENMAKRONEN

Die Makronenmasse wie in Rezept 53 beschrieben zubereiten, dabei den Kakao weglassen und den Eischnee mit sechs Tropfen roter Lebensmittelfarbe vermengen. Die Makronen mit 100 Gramm Himbeerkonfitüre füllen.

KARAMELLMAKRONEN

EINE VARIANTE DER SCHOKOLADENMAKRONEN

Die Makronenmasse wie in Rezept 53 beschrieben zubereiten, dabei nur zwei Gramm Kakao verwenden und den Eischnee mit einem Tropfen roter und einem Tropfen gelber Lebensmittelfarbe vermengen. Die Makronen mit 100 Gramm Karamellsauce (Rezept 10) füllen.

VANILLETÖRTCHEN

FÜR 6 STÜCK • ZUBEREITUNG: 20 MINUTEN • BACKZEIT: 75 MINUTEN • RUHEZEIT: 12 STUNDEN

250 ml Vollmilch
1 Vanilleschote
125 g heller Rohzucker
50 g Mehl

1 Ei, zusätzlich 1 Eigelb
25 g Butter, gewürfelt
10 ml weißer Rum

1	Milch mit aufgeschlitzter Vanilleschote und dem ausgekratzten Mark erhitzen.	2	Zucker und Mehl in einer Schüssel mit Ausgießer verrühren.	3	Ei und Eigelb mit einem Holzlöffel unterrühren.
4	Unter ständigem Rühren die heiße Vanillemilch (ohne Vanilleschote) zugießen.	5	Die Butterwürfel zugeben und weiterrühren, bis sie geschmolzen sind.	6	Die Vanilleschote nochmals in die Masse legen. ➢

7 8
9 10

7	Sobald die Masse auf Raumtemperatur abgekühlt ist, Rum einrühren, Schüssel abdecken und für mindestens 12 Stunden kühl stellen.	8	Die Masse 1 Stunde vor dem Backen aus dem Kühlschrank nehmen. Den Backofen auf 225 °C vorheizen und ein Backgitter einschieben.
9	Die Masse nochmals mit dem Schneebesen verrühren, damit sie ganz homogen wird. Die Vanilleschote entfernen.	10	Kleine Backförmchen mit gezacktem Rand auf ein Backblech setzen, zu zwei Dritteln mit der Masse füllen und in den Backofen schieben.

		DER TRICK
11	Die Törtchen etwa 10 Minuten aufgehen und Farbe annehmen lassen. Sobald sie goldbraun sind, die Temperatur auf 180 °C reduzieren. Die Törtchen so lange backen, bis sie oben dunkelbraun sind und auf Druck mit dem Finger nicht nachgeben (60–70 Minuten), abkühlen lassen und aus der Form nehmen.	☛ Am besten eignen sich Backförmchen aus Silikon, denn die Törtchen lassen sich aus Aluminium- oder Blechförmchen nur schwer herausnehmen, ohne dass sie brechen.

DOUGHNUTS

FÜR 12 STÜCK • ZUBEREITUNG: 30 MINUTEN • BACKZEIT: 5 MINUTEN

50 g Butter
500 g Mehl, zusätzlich 60 g
200 g Zucker
170 ml Kefir
2 Eier, zusätzlich 1 Eigelb
4 g Natron und 8 g Backpulver
8 g Salz
4 g geriebene Muskatnuss

FÜR DEN ZIMTZUCKER:
150 g Zucker und 4 g Zimt

VORBEREITUNG:
Wenn der Teig fast fertig ist, einen Liter Erdnussöl in einem schweren Topf bei mittlerer bis hoher Temperatur erhitzen oder eine Fritteuse auf 190 °C vorheizen.

1 2

3 4

1	Für den Zimtzucker Zimt und Zucker in einer Schüssel gut vermengen, dann in einen tiefen Teller geben.	2	Die Butter zerlassen und abkühlen lassen.	
3	In einer großen Schüssel 140 Gramm Mehl, Zucker, Backpulver, Salz, Natron und Muskatnuss mit einem Schneebesen vermengen.	4	In einer anderen Schüssel Kefir mit Eiern und Eigelb verrühren, die zerlassene Butter zugeben und einrühren.	➢

5 6
7 8

5	Die Eimischung zu den trockenen Zutaten geben.	6	Alles mit einem Holzlöffel zu einer homogenen Masse verrühren.
7	Das restliche Mehl zugeben und so lange einrühren, bis nichts mehr davon zu sehen ist.	8	Den Teig auf die gut bemehlte Arbeitsfläche setzen und mit einem bemehlten Wellholz etwa einen Zentimeter dick ausrollen.

9

Mit zwei runden Ausstechformen (von neun und drei Zentimeter Durchmesser) aus dem Teig Ringe ausstechen und diese auf einen großen bemehlten Teller setzen.
Die entstehenden Teigreste immer wieder rasch aufnehmen, zu einer Kugel formen und ausrollen, um neue Ringe auszustechen, bis der Teig vollständig verbraucht ist.

DER TRICK

☛ Da der Doughnut-Teig sehr klebrig ist, müssen Arbeitsfläche, Wellholz und Ausstechförmchen mit reichlich Mehl bestaubt werden, damit die Doughnuts gleichmäßig rund werden.

10	Vorsichtig so viele Doughnuts wie möglich ins heiße Öl legen, diese sollen sich dabei aber nicht berühren.	11	Sobald sie zur Oberfläche aufsteigen und goldbraun sind (nach etwa 2 Minuten) die Doughnuts mithilfe eines Schaumlöffels wenden.
12	Die Doughnuts 1 weitere Minute frittieren.	13	Sobald sie von beiden Seiten goldbraun sind, die Doughnuts aus dem heißen Öl nehmen.

14	Die Doughnuts auf einem erhöhten Backgitter oder auf Küchenpapier abtropfen lassen. Sobald das Öl wieder die richtige Temperatur erreicht hat, die nächste Portion Doughnuts einlegen. Währenddessen die fertigen Doughnuts in Zimtzucker wenden.	**DER TRICK** ☛ Wer keine Fritteuse besitzt, sollte am besten einen schweren, gusseisernen Topf (z. B. einen Wok) verwenden, denn dieses Material hält die Hitze am besten, sodass das Öl bei jedem Frittiervorgang nicht so schnell abkühlt.

AHORNSIRUPGLASUR

FÜR 12 DOUGHNUTS • ZUBEREITUNG: 5 MINUTEN

50 g Puderzucker
40 ml Ahornsirup

Den Puderzucker in eine kleine Schüssel sieben, den Ahornsirup zugeben und beides gut verrühren.

DIE GLASUR	TIPP
Die Glasur über die Doughnuts träufeln und mit einem Spatel dünn verstreichen. Einige Minuten warten, bis die Glasur fest wird. Alternativ die Glasur in einen Teller gießen und die Doughnuts nacheinander mit der Oberseite hineintauchen, etwas abtropfen lassen und auf ein Kuchengitter setzen.	☛ Für eine etwas flüssigere Glasur bis zu zehn Gramm Ahornsirup zusätzlich zugeben. Aber Achtung vor Fingerabdrücken: Diese Glasur wird nicht völlig fest.

CHOCOLATE CHIP COOKIES

FÜR 12 STÜCK • ZUBEREITUNG: 25 MINUTEN • RUHEZEIT: 10 MINUTEN • BACKZEIT: 14 MINUTEN

85 g zerlassene Butter
90 g Schokolade mit 52% Kakaoanteil
100 g Rohzucker
50 g extrafeiner Zucker

130 g Mehl
2 g Natron und 2 g Salz
1 Eigelb, zimmerwarm
6 g Vanilleextrakt

VORBEREITUNG:
Den Backofen auf 170 °C vorheizen und ein Backgitter einschieben.

1 2

3 4

1	Die Schokolade grob in kleine Stückchen hacken.	2	In einer großen Schüssel Rohzucker und extrafeinen Zucker mischen.	
3	Die abgekühlte zerlassene Butter zugeben und alles mit dem Handrührer gut verrühren.	4	Eigelb und Vanilleextrakt zugeben und unterrühren.	➢

5 6
7 8

5	Mehl, Salz und Natron vermengen, zu den flüssigen Zutaten geben und mit dem Handrührer auf kleinster Stufe unterrühren.	6	Die Schokostückchen zugeben und mit einem Spatel unterheben.
7	Den Teig mit Klarsichtfolie abdecken und 10 Minuten im Kühlschrank ruhen lassen. Währenddessen ein Backblech mit Backpapier auslegen.	8	Aus dem Teig grobe, unregelmäßige Kugeln formen, diese teilen, indem sie mit beiden Händen auseinandergezogen werden, und beide Hälften auf das Backblech setzen.

Reichlich Abstand zwischen den Cookies lassen, weil sie sich beim Backen noch stark ausbreiten.
Maximal 14 Minuten backen. Die fertigen Cookies mit einem flachen Spatel vom Backpapier lösen.

GUT ZU WISSEN

Die Cookies nicht sofort nach dem Backen vom Blech nehmen, sondern erst nach mindestens 15 Minuten, denn sie bleiben sehr weich, auch wenn sie abgekühlt sind.
Für noch festere Cookies (wie auf dem Foto) die zerlassene Butter stark abkühlen lassen, bevor sie zum Zucker gegeben wird (Schritt 3).

FAST WIE OREOS®

FÜR 20 STÜCK • ZUBEREITUNG: 25 MINUTEN • RUHEZEIT: 105 MINUTEN + 30 MINUTEN • BACKZEIT: 2 × 12 MINUTEN

140 g Mehl
2 g Salz
110 g geschmeidige Butter
75 g extrafeiner Zucker
30 g Puderzucker
1 Eigelb, zimmerwarm
6 g Vanilleextrakt
15 g Kakao
30 g Schokolade

FÜR DIE WEISSE FÜLLUNG:
35 g Crème fraîche
115 g weiße Schokolade

VORBEREITUNG:
Mehl, Salz und gesiebten Kakao in einer Schüssel mischen. Zucker und gesiebten Puderzucker in einer anderen Schüssel mischen. Die dunkle Schokolade bei geringer Hitze schmelzen.

1	Die geschmeidige Butter in einer großen Schüssel mit dem Handrührer verrühren. Die Zuckermischung zugeben und 1 Minute unterrühren, bis die Mischung luftig ist.	2	Die Schüsselwände mit einem Spatel säubern. Eigelb, Vanilleextrakt und geschmolzene Schokolade zugeben und alles mit dem Handrührer gut verrühren.
3	Die Schüsselwände erneut säubern, dann die trockenen Zutaten zugeben.	4	Alles auf kleinster Stufe verrühren, bis ein homogener Teig entsteht. ➤

5 6

7 8

5	Den Teig auf der sauberen Arbeitsfläche zu einem Zylinder formen.	6	Den Zylinder auf der Arbeitsfläche hin- und herrollen, damit er ganz gleichmäßig und glatt wird.
7	Teig in Klarsichtfolie wickeln und mindestens 1½ Stunden (höchstens 3 Stunden) kühl stellen. Den Backofen auf 165 °C vorheizen. Zwei Bleche mit Backpapier auslegen.	8	Teig auf ein Schneidbrett legen. Mit einem sehr scharfen Messer beide Zylinderenden gerade abschneiden, dann den Zylinder in sehr dünne Scheiben schneiden (drei Millimeter dick).

Die Scheiben auf die Bleche legen und 12 Minuten backen.

DAS BACKEN

Am besten zunächst 20 Scheiben abschneiden, auf ein Blech legen und backen. Während der Backzeit die restlichen Scheiben schneiden, die dann gebacken werden, während die erste Hälfte abkühlt.

DER TRICK

☛ Wenn es in der Küche sehr warm ist, den Teigzylinder einfach halbieren und eine Hälfte nochmals in den Kühlschrank legen, während die andere verarbeitet wird. Beim Schneiden den Zylinder regelmäßig leicht drehen, damit er nicht abflacht.

➢

10 11
12 13

10	Für die Füllung zunächst die weiße Schokolade bei sehr geringer Hitze schmelzen.	11	Die Crème fraîche einrühren und alles etwa 15 Minuten auf Raumtemperatur abkühlen lassen.
12	Die Hälfte der Kekse umgedreht auf ein Backblech legen und in der Mitte jeweils mit einem Teelöffel Füllung versehen.	13	Die restlichen Kekse daraufsetzen und leicht andrücken, damit sich die Füllung gleichmäßig bis zum Rand verteilt.

14

Die gefüllten Kekse in einen luftdichten Behälter legen und vor dem Servieren für mindestens 30 Minuten in den Kühlschrank stellen, damit die Füllung fest wird. Im Kühlschrank halten sich die Kekse mehrere Tage.

VARIANTE MIT DUNKLER SCHOKOLADE

Die weiße Schokolade durch dunkle und die Crème fraîche durch Sahne ersetzen. Zunächst die Sahne steif schlagen, dann die geschmolzene Schokolade zugeben und einrühren. Vor dem Füllen die Creme auf Raumtemperatur abkühlen lassen.

SCONES

FÜR 10 STÜCK • ZUBEREITUNG: 20 MINUTEN • BACKZEIT: 14 MINUTEN

280 g Mehl
60 g kalte Butter
40 g Zucker
50 g Rosinen, gehackt
1 Ei

160 g Sahne (zusätzlich etwas Sahne zum Bestreichen)
12 g Backpulver
1 kräftige Prise Salz

VORBEREITUNG:
Den Backofen auf 220 °C vorheizen. Ein Backblech mit Backpapier auslegen. Eine Schüssel mit etwas Mehl, eine andere mit etwas Sahne bereitstellen.

1 2
3 4

1	Mehl, Backpulver und Salz vermengen. Butter in Würfel schneiden, auf die trockenen Zutaten geben. Alles mit den Händen verkneten.	2	Gehackte Rosinen untermischen. In die Mitte eine Mulde drücken.	
3	Das Ei mit dem Zucker in einer Schüssel schaumig schlagen, dann die Sahne einrühren.	4	Die Mischung in die Mulde (von Schritt 2) gießen und alles mit einem Spatel zu einem Teig vermengen.	➢

7	Die Arbeitsfläche mit Mehl bestauben und den Teig daraufsetzen. Den Teig erneut mit den Händen bearbeiten, bis er homogen ist, dann zu einer Platte von drei bis vier Zentimetern Höhe flach drücken. Die Platte mit Mehl bestauben und mit einem Wellholz begradigen.	**TIPP** ☛ Eine runde Ausstechform von fünf Zentimeter Durchmesser bemehlen und so viele Scones wie möglich ausstechen. Dabei die Form jedes Mal neu in Mehl tauchen.

8	Die Scones nicht mit den Fingern aus der Ausstechform drücken, sondern diese leicht schütteln, sodass die Scones von selbst auf das Backblech fallen. Die Scones mit etwas Sahne bestreichen und 14 Minuten backen. Auf einem Backgitter abkühlen lassen.	**SCONES MIT ERDBEERBUTTER** ❊ Für 20 Scones braucht man 100 Gramm geschmeidige Butter und 70 Gramm zimmerwarme Erdbeerkonfitüre. Die weiche Butter rühren, bis sie glänzt. Die Konfitüre zugeben und rühren, bis eine gleichmäßige Masse entsteht. (Trotzdem sollten noch einige Erdbeerstückchen zu sehen sein.) Die Erdbeerbutter zu den abgekühlten Scones servieren.

WEICHE NUSSKEKSE

→ FÜR 10 STÜCK • ZUBEREITUNG: 20 MINUTEN • BACKZEIT: 20 MINUTEN ←

100 g geschmeidige Butter
120 g Mehl und 2 g Salz
50 g Pekannüsse (nach Belieben karamellisiert), gehackt

20 g Zucker
2 g Vanilleextrakt
2 g Salz
Puderzucker

VORBEREITUNG:
Den Backofen auf 170 °C vorheizen. Ein Backblech mit Backpapier auslegen. Mehl, Salz und gehackte Nüsse vermengen.

1	Die geschmeidige Butter mit dem Zucker verrühren. Erst den Vanilleextrakt, dann die Mehlmischung unterrühren.	2	Alles mit einem Spatel zu einem homogenen Teig verrühren.
3	Aus dem Teig 10 Kugeln in der Größe von Tischtennisbällen formen.	4	Die Kugeln auf das Backblech setzen und 20 Minuten backen. Kurz vor dem Servieren mit Puderzucker bestauben.

BRETONISCHE KEKSE

FÜR 20 STÜCK • ZUBEREITUNG: 30 MINUTEN • RUHEZEIT: 30 MINUTEN • BACKZEIT: 14 MINUTEN

90 g gesalzene Butter und 2 g Salz
90 g Rohzucker
1 Eigelb, zimmerwarm
125 g Mehl

VORBEREITUNG:
Den Zucker 2–3 Minuten im Mixer zerkleinern, damit er noch feiner wird.

Nach der Ruhezeit des Teigs den Backofen auf 180 °C vorheizen.

1 2

3 4

1	Die Butter geschmeidig werden lassen und verrühren.	2	Zucker und Salz zugeben und mit dem Handrührer zunächst auf kleiner Stufe, dann bei immer höherer Geschwindigkeit einrühren.	
3	Die Mischung rühren, bis sie cremig ist (jedoch nicht zu lang, damit sich die Butter nicht erwärmt.)	4	Das Eigelb zugeben und mit dem Schneebesen einrühren.	➢

5

6

7

8

9

10

5	Mit dem Schneebesen das Mehl einarbeiten, bis ein homogener Teig entsteht.	6	Den Teig zügig mit den Händen weiter bearbeiten.	7	Eine breite Scheibe formen, in Folie wickeln und für 30 Minuten kühl stellen.
8	Den Teig aus dem Kühlschrank nehmen und fünf Millimeter dick ausrollen.	9	Mit einer runden, gezackten Ausstechform von fünf Zentimeter Durchmesser kleine Kekse ausstechen.	10	Die Kekse auf ein mit Backpapier ausgelegtes Backblech legen und bei 180 °C 14 Minuten backen.

11	Die Kekse sollen während der Backzeit leicht Farbe annehmen. Aus dem Backofen nehmen, und das Blech zum Abkühlen erhöht auf ein Backgitter setzen.	**AUFBEWAHRUNG** Die Kekse halten sich am besten in einer Blechdose, die nicht ganz luftdicht schließt, damit die Feuchtigkeit der Kekse entweichen kann. Die genaue Haltbarkeit hängt von der Feuchtigkeit in der Küche ab.

BLAUBEERPFANNKUCHEN

FÜR 16 STÜCK • ZUBEREITUNG: 15 MINUTEN • BACKZEIT: 5 MINUTEN

10 ml Zitronensaft
460 ml Vollmilch, zimmerwarm
60 g Butter
1 Ei, zimmerwarm
280 g Mehl
25 g extrafeiner Zucker
12 g Backpulver
4 g Natron
4 g Salz
130 g gefrorene Blaubeeren (nach dem Abwiegen wieder einfrieren)
Ahornsirup

VORBEREITUNG:
Butter in einer Pfanne zerlassen. In eine Schüssel gießen, eine dünne Schicht Butter in der Pfanne lassen (zum Pfannkuchenbacken). Während der Teigzubereitung Pfanne bei geringer Hitze auf dem Herd lassen.

1	Milch und Zitronensaft mischen.	2	Das Ei in die Milchmischung einrühren.	3	Die zerlassene Butter zugeben und einrühren.	
4	Mehl, Backpulver, Natron, Zucker und Salz in einer großen Schüssel vermengen.	5	In die Mitte eine Mulde drücken, die flüssigen Zutaten eingießen und mit dem Schneebesen verrühren.	6	Wird der Teig zu lange gerührt, werden die Pfannkuchen trocken.	➢

7 8

9 10

7	Die Herdtemperatur langsam steigern (mittlere Hitze) und kleine Teigportionen in die Pfanne geben, die sich nicht berühren sollten.	8	Die Blaubeeren aus dem Gefrierfach nehmen und großzügig über die Pfannkuchen streuen.
9	Die Pfannkuchen backen, bis sich oben Blasen bilden. Die Unterseite soll goldbraun sein (maximal 2 Minuten).	10	Die Pfannkuchen umdrehen und auf der anderen Seite ebenfalls goldbraun backen.

11	Die Pfannkuchen aus der Pfanne nehmen und zum Warmhalten bei 100 °C direkt auf das Backgitter im Backofen legen. Weitere Pfannkuchen backen, bis der Teig verbraucht ist.

ZUM SERVIEREN

Die Pfannkuchen auf einem Teller stapeln und mit Ahornsirup übergießen.

DER TRICK

☛ Idealerweise sollte man die Pfannkuchen in mehreren beschichteten Pfannen backen, damit alle gleichzeitig fertig werden.
Wird nur eine Pfanne verwendet, einfach ein Stück Küchenpapier in die vorbereitete zerlassene Butter tauchen und in ein Schälchen legen. Damit nach jedem Backvorgang die Pfanne erneut einfetten.

ARME RITTER

FÜR 6 PORTIONEN • ZUBEREITUNG: 15 MINUTEN • BACKZEIT: 5 MINUTEN

500 g Kastenweißbrot, nicht geschnitten
2 Eier
350 ml Vollmilch

40 g extrafeiner Zucker
Einige Tropfen Vanilleextrakt
45 g Butter
2 Bananen

1 kleines Körbchen Erdbeeren
Ahornsirup
Puderzucker (nach Belieben)

1	Weißbrot in dünne Scheiben schneiden und auf die Arbeitsfläche legen, damit sie etwas austrocknen.	2	Eier, Milch, Zucker und Vanilleextrakt in eine große Schüssel geben.	3	Alles mit dem Schneebesen verrühren.
4	Weißbrotscheiben einzeln jeweils 10–15 Sekunden in die Mischung tauchen.	5	Die Scheiben einige Sekunden über der Schüssel abtropfen lassen.	6	Dann die Scheiben senkrecht in eine Schüssel stellen. ➢

7	In einer Pfanne 15 Gramm Butter bei mittlerer Hitze zerlassen. Sobald die Butter etwas Farbe annimmt, die Weißbrotscheiben hineinlegen und goldbraun backen (2–3 Minuten).

8	Die Brotscheiben wenden und von der anderen Seite auch goldbraun backen (1–2 Minuten).

DER TRICK

☛ Idealerweise sollte man die Scheiben in mehreren Pfannen backen, damit alle gleichzeitig fertig werden. Wird nur eine Pfanne verwendet, nach jedem Backvorgang erneut 15 Gramm Butter zugeben.

9	Die Armen Ritter mit Bananenscheiben, Erdbeeren und Ahornsirup servieren. Nach Belieben mit Puderzucker bestauben.	**TEIG IM VORAUS ZUBEREITEN** ☛ Die Eimischung lässt sich gut einige Stunden im Voraus zubereiten. Sobald alles gut vermischt ist, die Schüssel mit Klarsichtfolie abdecken und kühl stellen.

OBSTKUCHEN

5

AUSLEGETEIG

ERGIBT 400 GRAMM • ZUBEREITUNG: 15 MINUTEN • RUHEZEIT: 30 MINUTEN

200 g Mehl, zusätzlich
10 g für die Arbeitsfläche
100 g Butter
20 ml Wasser

20 g Zucker
2 g Salz
1 Ei

VORBEREITUNG:
Die Butter in Würfel schneiden und auf dem Mehl verteilen.

1 2

3 4

1	Die Butter mit den Fingerspitzen in das Mehl einarbeiten. Einen Ring formen und Wasser, Zucker, Salz und das Ei in die Mitte geben.	2	Zucker und Salz mit den Fingern verrühren, um sie aufzulösen. Etwas Mehlmischung einrühren, sodass ein weicher Teig entsteht.
3	Alles mit den Händen zu einem Teig verarbeiten und zu einer Kugel formen. Nicht zu stark kneten. Kugel zu einer drei bis vier Zentimeter hohen Scheibe formen und in Folie wickeln.	4	Den Teig mindestens 30 Minuten kühl stellen (abgeflacht wird er schneller kalt). Dann mit dem Wellholz zur jeweils gewünschten Form ausrollen.

67

FRANZÖSISCHER APFELKUCHEN

FÜR 6–8 PORTIONEN • ZUBEREITUNG: 25 MINUTEN • BACKZEIT: 60 MINUTEN

200 g Auslegeteig (Rezept 66)
200 g Zucker
65 ml Wasser

60 g gesalzene Butter, gewürfelt
1 kg säuerliche Äpfel

VORBEREITUNG:
Den Backofen auf 220 °C vorheizen und ein Backgitter einschieben.

1	Wasser und Zucker in einen Topf geben und bei mittlerer Hitze verrühren, bis sich der Zucker gelöst hat (Rezept 09).	2	Zuckermischung zum Kochen bringen. Sobald sie aufkocht, nicht mehr rühren und Karamell Farbe (bernsteinfarben) annehmen lassen.
3	Den Topf vom Herd nehmen, die gewürfelte Butter zugeben und mit dem Schneebesen einrühren.	4	Die Karamellmischung in eine runde Auflaufform gießen. ➤

5 6
7 8

5	Die Äpfel schälen, vierteln und das Gehäuse entfernen.	6	Eine Schicht Äpfel dicht gedrängt mit der gewölbten Seite nach unten in die Auflaufform legen. Eine zweite Schicht umgedreht daraufgeben.
7	Alles im Backofen 40 Minuten backen. Den Teig 15 Minuten vor Ende der Backzeit aus dem Kühlschrank nehmen.	8	Den Teig zu einer Scheibe von 24 Zentimeter Durchmesser ausrollen. Teig auf die Äpfel legen und nochmals 15–20 Minuten backen.

9	Den fertigen Kuchen aus dem Ofen nehmen und sofort auf einen Teller stürzen. Vor dem Servieren abkühlen lassen.

VARIANTE

Der Apfelkuchen kann auch warm mit Schlagsahne (Rezept 14) oder mit Crème fraîche serviert werden.

GUT ZU WISSEN

☛ Der Karamell kann kristallisieren (siehe Bild 4), sobald man die Butter zugibt, doch im Backofen schmilzt er wieder. Um das Kristallisieren zu vermeiden, einfach einen Teelöffel Zitronensaft ins Zuckerwasser geben.

GEBACKENER PUDDING

FÜR 8 PORTIONEN • ZUBEREITUNG: 25 MINUTEN • BACKZEIT: 50 MINUTEN

300 g Auslegeteig (Rezept 66)
1 Ei zum Bestreichen des Teigs

FÜR DEN PUDDING:
1 l Vollmilch
220 g Zucker
120 g Speisestärke
2 Eier, zusätzlich 1 Eigelb
8 g Vanilleextrakt
2 g Salz

VORBEREITUNG:
Den Backofen auf 200 °C vorheizen. Eine quadratische Auflaufform einfetten und mit Mehl ausstreuen. Überschüssiges Mehl abklopfen.

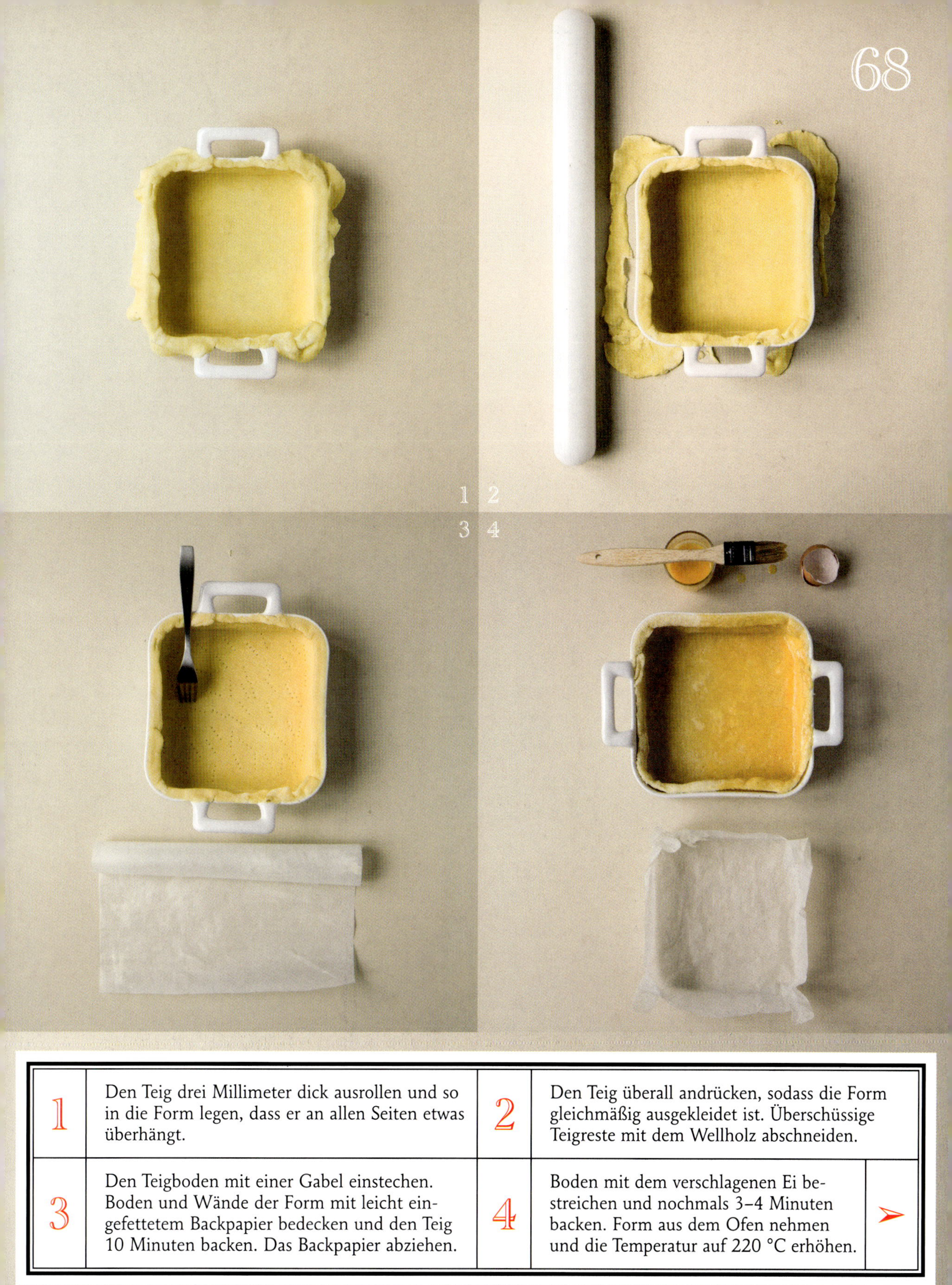

1	Den Teig drei Millimeter dick ausrollen und so in die Form legen, dass er an allen Seiten etwas überhängt.	2	Den Teig überall andrücken, sodass die Form gleichmäßig ausgekleidet ist. Überschüssige Teigreste mit dem Wellholz abschneiden.
3	Den Teigboden mit einer Gabel einstechen. Boden und Wände der Form mit leicht eingefettetem Backpapier bedecken und den Teig 10 Minuten backen. Das Backpapier abziehen.	4	Boden mit dem verschlagenen Ei bestreichen und nochmals 3–4 Minuten backen. Form aus dem Ofen nehmen und die Temperatur auf 220 °C erhöhen. ➢

5	750 Milliliter Milch in einen Topf geben, Zucker einrühren und aufkochen. Die Eier und das Eigelb in einer Schüssel verschlagen.	6	Die restliche Milch (250 Milliliter) in einer Schüssel mit Speisestärke verrühren. Verschlagene Eier, Vanilleextrakt und Salz einrühren.
7	Die Mischung durch ein feinmaschiges Sieb streichen, damit die Eier später beim Backen nicht gerinnen.	8	Sobald die Milch aufkocht, den Topf vom Herd nehmen und die Eimischung zugießen, dabei ständig rühren. Die Mischung dickt etwas ein.

9

Die Mischung auf den Teigboden geben und 35 Minuten backen. Den Pudding aus dem Backofen nehmen, auf einem Backgitter abkühlen lassen, dann in Klarsichtfolie wickeln und vor dem Servieren im Kühlschrank völlig erkalten lassen.

VARIANTEN

Wer den Pudding schneller genießen möchte, kann auch den Teigboden weglassen. Außerdem lässt sich der Vanilleextrakt auch gut durch ein Päckchen Vanillezucker ersetzen. In diesem Fall nur 210 Gramm Zucker verwenden.

ZITRONENBAISER-KUCHEN

FÜR 8 PORTIONEN • ZUBEREITUNG: 30 MINUTEN • BACKZEIT: 25 MINUTEN • RUHEZEIT: 15 MINUTEN

400 g Auslegeteig (Rezept 66)
2 Eiweiß
125 g extrafeiner Zucker und
10 g Puderzucker
3 EL Wasser

350 g Dessertcreme (Rezept 02)
½ Vanilleschote, längs aufgeschnitten
Saft und Schale von ½ unbehandelten Zitrone
Getrocknete Hülsenfrüchte zum Vorbacken

VORBEREITUNG:
Eine runde Auflaufform oder Springform von 24 Zentimeter Durchmesser einfetten und in den Kühlschrank stellen.

1	Auslegeteig zu einer runden Scheibe ausrollen, die etwas größer als die Backform sein sollte. Teigplatte mehrmals mit der Gabel einstechen. Den Backofen auf 170 °C vorheizen	2	Die Teigplatte vorsichtig anheben und mit der angestochenen Seite nach unten in die Form legen. Den Teig gut an Boden und Wänden andrücken.	
3	Mit dem Wellholz überschüssige Teigränder abschneiden. Form für 15 Minuten kühl stellen. Boden mit Backpapier auslegen.	4	Boden 20 Minuten vorbacken (mit Hülsenfrüchten beschweren), 10 Minuten ohne backen. Abkühlen lassen.	➢

5

Für die Dessertcreme die Milch mit der aufgeschlitzten, ausgekratzten Vanilleschote aufkochen und nach den Schritten von Rezept 02 weiterverfahren. Zum Schluss Saft und Schale der Zitrone zugeben und die Creme abkühlen lassen.

TIPP

Die zum sogenannten »Blindbacken« verwendeten Hülsenfrüchte (z. B. Bohnen oder Kichererbsen) kann man mehrmals benutzen. Bis zum nächsten Einsatz in einer fest schließenden Blechdose aufbewahren (zuvor völlig erkalten lassen).

6

7 8

	ITALIENISCHES BAISER			
6	Zunächst die Eiweiße mit dem Handrührer zu steifem Schnee schlagen, dabei nach und nach einen Teelöffel Zucker zugeben.	8	Den Zuckersirup etwa 3 Minuten einkochen lassen, dann über den Eischnee gießen und auf mittlerer Stufe etwa 5 Minuten einrühren, damit die Mischung abkühlt.	➤
7	In einem Topf den restlichen Zucker mit drei Esslöffeln Wasser vermengen und zum Kochen bringen.			

9

10

9	Etwa ein Drittel der Baisermasse in die Dessertcreme rühren, damit diese eine luftigere Konsistenz erhält. Den Backofengrill einschalten.	10	Die Dessertcreme auf den abgekühlten Kuchenboden geben und diese mit der Baisermasse bedecken. Darauf kleine Spitzen formen.

11

Den Puderzucker aufstreuen und den Kuchen (höchstens 2 Minuten) im Backofen grillen, damit das Baiser goldbraun wird.

DER TRICK

☛ Am leichtesten lassen sich kleine Spitzen in die Baisermasse formen, indem man mit einem Teelöffel mehrmals leicht auf die Baiseroberfläche schlägt.

KIWITÖRTCHEN MIT MASCARPONE

FÜR 6 STÜCK • ZUBEREITUNG: 30 MINUTEN

FÜR DEN TORTENBODEN:
60 g Butter
30 g extrafeiner Zucker
100 g Butterkekse

FÜR DIE MASCARPONECREME:
170 g Mascarpone
35 g Puderzucker
½ Päckchen Vanillezucker (4 g)

4 Kiwis

1	Die Butterkekse in der Küchenmaschine in 30–60 Sekunden fein zerkrümeln.

VARIANTE

Kekse lassen sich auch leicht zerkleinern, indem man sie in ein Küchentuch oder in einen Gefrierbeutel gibt und mit dem Wellholz mehrmals darüberrollt.

DER TRICK

☛ Übrig gebliebene große Keksstücke einfach zwischen den Fingern zerreiben.

2 3
4 5

2	Die Butter in einem Topf zerlassen. Zucker und Keksbrösel in einer Schüssel mischen und die zerlassene Butter darübergießen.	3	Alles mit einer Gabel zu einem bröseligen Teig vermengen.
4	Den Teig auf kleine Förmchen verteilen, mit der Rückseite eines Löffels flach drücken und glätten und mit einem flachen Gegenstand an Rand und Boden gut festdrücken.	5	Die Förmchen im Kühlschrank abkühlen lassen (die Butter wird dabei fest). Währenddessen Mascarpone, Puderzucker und Vanillezucker mit einer Gabel verrühren.

6	Die Creme auf die Teigböden geben und verstreichen. Die Kiwis schälen, in nicht zu dünne Scheiben schneiden (etwa acht Millimeter dick) und rosettenförmig auf die Creme legen. Die Törtchen in Klarsichtfolie hüllen und bis zum Servieren kühl stellen.	**ACHTUNG** ☛ Die Törtchen sollten höchstens 2 Stunden im Kühlschrank stehen, da der Boden sonst zu viel Flüssigkeit aufnimmt und zu weich wird.

ERDBEERTÖRTCHEN

FÜR 6 STÜCK • ZUBEREITUNG: 30 MINUTEN • BACKZEIT: 10 MINUTEN

200 g Auslegeteig (Rezept 66)
150 g Mandelcreme (Rezept 04)
600 g kleine Erdbeeren

VORBEREITUNG:
Den Backofen auf 220 °C vorheizen.

1	Sechs kleine Tortenförmchen einfetten.	2	Den Auslegeteig mit dem Wellholz ausrollen.
3	Mit einer Ausstechform sechs Kreise aus dem Teig ausstechen, die etwas größer als die Förmchen sein sollten.	4	Die Teigkreise als Boden in die Förmchen setzen und diese für 1 Stunde in den Kühlschrank stellen. ➤

5 6

7 8

5	Die Mandelcreme auf die Tortenböden streichen und diese 10 Minuten backen.	6	Währenddessen die Erdbeeren waschen und auf Küchenpapier abtropfen lassen. Stielansätze entfernen.
7	Die Törtchen aus dem Backofen nehmen und auf einem Backgitter abkühlen lassen.	8	Sobald sie ganz abgekühlt sind, die Erdbeeren daraufsetzen.

DER TRICK	VARIANTE
☛ Die Erdbeeren sollten alle etwa die gleiche Größe haben und vor allem nicht zu groß sein, da sie sich mit der Dessertgabel sonst nur schwer zerteilen lassen.	Die Erdbeeren können auch in dünne Scheiben geschnitten und rosettenförmig auf die Törtchen gelegt werden. In diesem Fall wird nur die Hälfte der angegebenen Menge benötigt.

ANHANG

GLOSSAR

INHALTSVERZEICHNIS

REZEPTVERZEICHNIS

VERZEICHNIS NACH STICHWÖRTERN

DANK

GLOSSAR

AROMATISIEREN
Ein Gericht lässt sich durch Zugabe von flüssigen (z. B. Vanilleextrakt) oder festen Aromastoffen (z. B. Kakaopulver) nach Belieben aromatisieren.

AUFKOCHEN/SIEDEN
Beim Aufkochen wird eine Flüssigkeit großer Hitze ausgesetzt, sodass sich an ihrer Oberfläche große, sprudelnde Blasen bilden. Hier ist die Temperatur der Flüssigkeit höher als beim sanfteren Sieden, wo sich nur sehr kleine Bläschen in der Flüssigkeit bilden.

AUSROLLEN
Auf einer bemehlten Arbeitsfläche lässt sich ein Teig mithilfe eines Wellholzes in jeder gewünschten Form und Größe ausrollen. Dadurch erhält er gleichzeitig mehr Dichte.
Um das Ausrollen zu erleichtern, sollte der Teig nach jeder Ausrollbewegung etwas angehoben und leicht versetzt wieder auf die Arbeitsfläche gebracht werden. So lässt sich prüfen, ob er an der Fläche festklebt. Ist das der Fall, die Fläche einfach vor dem Wiederaufsetzen des Teigs nochmals leicht mit Mehl bestauben. Außerdem ist es ratsam, die Teigplatte während des Ausrollens mehrmals zu wenden. Die Teigränder lassen sich leicht mit den Fingern bearbeiten, um etwa kleine Löcher zu schließen oder Unebenheiten auszugleichen, damit die Teigplatte der gewünschten Form entspricht.
Ein Teigstück lässt sich leichter halbieren, wenn man es zunächst so dünn ausrollt, dass sich die Teigplatte sauber zusammenklappen lässt. Dann kann man den Teig mit einem scharfen Messer entlang des Falzes auseinanderschneiden.
Eine rund ausgerollte Teigplatte lässt sich leicht sauber in eine Backform setzen, indem man die Platte zunächst zweimal übereinander faltet und dieses Paket dann in die Mitte der Form setzt. Nun den Teig einfach auseinanderfalten und fest in die Form drücken.

BEMEHLEN
Bevor ein Teig ausgerollt werden kann, muss die Arbeitsfläche – oft auch mehrmals – bemehlt, das heißt mit Mehl bestaubt werden. Dadurch wird verhindert, dass der Teig anklebt. Andererseits darf er dabei aber auch nicht zu viel zusätzliches Mehl aufnehmen. Daher sollte man immer nur eine sehr dünne Mehlschicht auf die Arbeitsfläche aufbringen.

BUTTER
Falls nicht anders im Rezept angegeben, wird in diesem Buch immer ungesalzene Butter verwendet.

BUTTER GESCHMEIDIG WERDEN LASSEN
Zum Backen benötigt man manchmal sehr weiche Butter, die zwar immer noch fest, aber doch sehr geschmeidig ist, sodass man sie mit anderen Zutaten leicht vermengen kann, ohne dass sie (anders als geschmolzene Butter) ihre Struktur verliert und außerdem Luft aufnehmen kann.
Es gibt zwei Methoden, um dies zu erreichen. Zunächst die Butter in kleine Würfel schneiden, damit sie sich schneller und gleichmäßiger erwärmt.
Erste Methode: Die Butter bei Raumtemperatur so lange stehen lassen, bis sie sich mit dem Finger leicht eindrücken lässt, dies kann je nach Raumtemperatur 20 Minuten bis zu einigen Stunden dauern.
Zweite Methode: Die Butterwürfel in eine hitzebeständige Schüssel geben, die ins sehr heiße Wasserbad gestellt wird. Die Butter einige Sekunden der Hitze aussetzen, dann die Schüssel vom Topf nehmen und die Butterwürfel mit dem Spatel bearbei-

ten, bis sie die gewünschte Konsistenz erreicht haben. Sind sie noch zu fest, die Schüssel einfach nochmals kurz ins Wasserbad stellen.

EIER

In den Rezepten dieses Buchs werden meist große Eier verwendet, die mit Schale etwa 70 Gramm und ohne etwa 60 Gramm wiegen.
Wird nur die Hälfte der angegebenen Rezeptmenge benötigt, sodass alle Zutatenangaben halbiert werden müssen, kann das Probleme bereiten, wenn auch ein Ei halbiert werden soll. Um dies zu erleichtern, einfach das aufgeschlagene Ei verschlagen und dann nur die Hälfte der Eimasse verwenden. Wer es ganz genau machen möchte, kann die elektronische Küchenwaage zu Hilfe nehmen: Die Hälfte eines großen Eis wiegt etwa 30 Gramm.
Anders als allgemein angenommen, sollte man Eischnee nicht immer so steif wie möglich schlagen, denn so bilden sich leicht feste »Klumpen«, die sich nur schwer in die übrige Zutatenmischung einarbeiten lassen. Besonders für Mousse au Chocolat sollte der Eischnee daher noch etwas weicher und geschmeidiger sein. Um dies bei sehr steifem Eischnee ebenfalls zu erreichen, kann man ihn rasch mehrmals mit einem Spatel durchziehen, um ihn aufzulockern und die entstandenen Klumpen aufzulösen.

ELEKTRONISCHE KÜCHENWAAGE

Sie ist (genau wie der Spatel und die Klarsichtfolie) zum Backen ein unentbehrliches Hilfsmittel, denn damit lassen sich auch kleinste Mengen genau abwiegen (und große selbstverständlich auch). Beim Backen kommt es auf ganz exakte Mengen an, denn schon einige Gramm Salz oder Backpulver zu viel können sich letztendlich sehr negativ auf Geschmack und Struktur des fertigen Kuchens oder Gebäcks auswirken.

FARBE ANNEHMEN

Beim Backen verändern Kuchen und Gebäck durch die Hitzeeinwirkung ihre Farbe, sie werden dunkler, nehmen also Farbe an. Dabei können die gewünschten Farbtöne von einem sehr hellen Goldgelb bis zu dunklem Braun reichen.

GERINNUNG

Es kommt zur Gerinnung, wenn sich bestimmte Substanzen in einer Flüssigkeit zu einer festen Masse zusammenschließen.
Beim Backen geschieht dies gelegentlich, wenn man ein Gericht auf Eierbasis zu stark erhitzt. Allerdings wird die Gerinnung in seltenen Fällen auch ganz bewusst herbeigeführt, da sie nur eine Zutat (z. B. das Ei) und nicht das gesamte Rezept (z. B. die Englische Creme) verändert. In diesem Fall wird die Creme einfach leicht körnig anstatt ganz glatt.

HOMOGEN

Ein Teig ist homogen, wenn seine Struktur ganz gleichförmig ist. Das muss nicht bedeuten, dass er glatt ist, auch ein krümeliger Teig kann homogen sein, er muss nur gleichmäßig krümelig sein.
Wird eine glatte Teigstruktur verlangt, ist das im jeweiligen Rezept angegeben.

KARAMELL

Karamell entsteht, wenn man weißen Zucker längere Zeit erhitzt, sodass der zunächst entstehende Zuckersirup allmählich wieder fest wird.
Zur Karamellherstellung sollte aus Sicherheitsgründen nur ein Topf mit dickem Boden verwendet werden, da dieser über längere Zeit großer Hitze ausgesetzt ist und sich die Hitze außerdem gleichmäßiger verteilt. Zunächst Wasser in den Topf gießen, dann Zucker zugeben. Dabei nie mehr als ein Drittel des Gewichts des Zuckers an

Wasser verwenden (für 100 Gramm Zucker sind also maximal 33 Milliliter Wasser ideal). Die Mischung zunächst bei mittlerer Temperatur erhitzen und mit einem Schneebesen verrühren, um den Zucker aufzulösen. Dabei darauf achten, dass die Mischung nicht an die Topfwände spritzt. Die Mischung erst zum Kochen bringen, sobald sich der Zucker ganz aufgelöst hat, da sich noch feste Zuckerbestandteile nach dem Siedepunkt nicht mehr auflösen. Nach dem Aufkochen nicht mehr umrühren und die Mischung eindicken lassen. Sobald 150 °C überschritten sind, beginnt sich Karamell zu bilden, der immer mehr Farbe annimmt.

Um den Kochvorgang zu unterbrechen, kann man entweder den Topf, einige Sekunden bevor die gewünschte Farbe erreicht ist, einfach vom Herd nehmen (da der Karamell auch ohne zusätzliche Hitze noch nachdunkelt), oder man taucht den Topfboden für einige Sekunden in kaltes Wasser. Problematisch bei der zweiten Methode ist allerdings, dass der Karamell dadurch abkühlt, fest wird und so nicht mehr so leicht zu verarbeiten ist wie flüssiger Karamell.

KLARSICHTFOLIE

Die Klarsichtfolie, auch Zellophan genannt, ist ein wichtiges Hilfsmittel beim Backen (zusammen mit der elektronischen Küchenwaage und dem Spatel). Mit ihr lassen sich Teige, Cremes etc. wunderbar luftdicht abdecken, sodass sie vor Luft und deren Auswirkungen, wie etwa Austrocknung, Temperaturveränderungen oder auch Bakterien in der Luft, geschützt sind.

Einige Profiköche und -bäcker legen die Klarsichtfolie sogar direkt auf das jeweilige Produkt und nicht beispielsweise über den Schüsselrand. In diesem Buch wird diese Methode nur für die Dessertcreme empfohlen, da sich auf der fertigen Creme schnell eine unerwünschte Haut bilden kann. Bei allen anderen Rezepten genügt es aber völlig, die Klarsichtfolie über die Schüssel zu legen.

KNETEN

Beim Auslegeteig etwa werden zunächst kleine Butterwürfel und Mehl mit den Händen verknetet. Auf diese Weise verbinden sich beide Zutaten optimal miteinander, und es entsteht nach und nach ein hellgelber Teig, in dem immer noch kleine Butterstückchen zu erkennen sind. Damit sich die Butter beim Kneten nicht zu stark erwärmt, ist es ratsam, den Teig während des Knetens immer wieder anzuheben und auf die Arbeitsfläche mit dem restlichen Mehl und der restlichen Butter zurückfallen zu lassen, denn die stärkere Luftzirkulation kühlt die Butter ab.

Für einen Auslegeteig wird die Mehl-Butter-Mischung anschließend zu einem Ring geformt, in dessen Mitte dann Wasser, Salz, Zucker und zum Schluss ein verschlagenes Ei gefüllt werden. Diese flüssigen Zutaten werden nun mit den Fingern vermischt. Dann wird nach und nach die Mehlmischung eingearbeitet. Dabei ist der Teig zunächst sehr flüssig, wird aber zusehends homogener. Beim Kneten sollte man zügig, aber doch behutsam vorgehen und den Teig niemals zu stark zwischen den Handflächen zusammenpressen. Der fertige Teig wird zu einer Kugel geformt, die dann zu einer drei bis vier Zentimeter breiten Scheibe abgeflacht und in Klarsichtfolie gewickelt wird. Mindestens 30 Minuten muss der Teig dann im Kühlschrank ruhen.

Natürlich lässt sich ein Teig auch in der Küchenmaschine kneten. Dazu zunächst Mehl und Butterwürfel einige Sekunden verkneten. Dann die

Wasser-Ei-Mischung zugeben, in der zuvor Salz und Zucker aufgelöst wurden. Alles einige weitere Sekunden verkneten, bis ein Teig entsteht. Es empfiehlt sich aber immer, den Teig nun aus der Küchenmaschine zu nehmen und abschließend noch einige Zeit mit den Händen zu kneten. Danach wird er, wie oben beschrieben, geformt und kühl gestellt.

MASSANGABEN

Die erforderlichen Mengen der Zutaten sind in diesem Buch je nach Konsistenz meist in Gramm (bei festen Stoffen) oder in Milliliter (bei Flüssigkeiten) angegeben. Beides lässt sich auf der elektronischen Küchenwaage genau abmessen, denn ein Liter Wasser (1000 Milliliter) wiegt genau ein Kilogramm (1000 Gramm). Zwar gibt es minimale Unterschiede; so wiegt etwa Öl etwas weniger als Wasser, während Milch ein ganz klein wenig mehr wiegt. Doch in den allermeisten Fällen kann man diese Unterschiede vernachlässigen und im Allgemeinen davon ausgehen, dass ein Gramm einem Milliliter entspricht. Dazu sei noch gesagt, dass sich die flüssigen Zutaten eines Teigs meist weniger stark auf seine Konsistenz auswirken als die festen Bestandteile.

MEHL

Für alle Rezepte in diesem Buch wird Weizenmehl der Type 405 empfohlen, da es das bevorzugte helle Haushaltsmehl ist und sich besonders gut zum Backen eignet. Es hat einen niedrigen Ausmahlungsgrad, enthält viel Stärke, dafür aber weniger Eiweiß und Vitamine.
Außerdem enthält Mehl Gluten, einen Klebstoff, der in Berührung mit Feuchtigkeit sogenanntes Klebereiweiß bildet, das, durch Rühren und Kneten verstärkt, das stabile Teiggerüst für Kuchen und Gebäck darstellt. Außerdem ist Gluten dehnbar und sorgt beim Backen dafür, dass die Gärgase gehalten werden und das Gebäck aufgehen kann. Im fertigen Gebäck stellt das geronnene Klebergerüst sicher, dass das Stück die gewünschte Form behält.

NATRON

Besonders in der englischen süßen Küche wird Natron häufig eingesetzt (sei es allein für sich oder als Bestandteil des Backpulvers). Doch auch in Frankreich wird es oft verwendet, besonders in Kombination mit Salz.

SAHNESPRÜHER

Ein Sahnesprüher ist eine Metallflasche, in der Flüssigkeiten (nicht nur Sahne) mithilfe von Kohlendioxid unter Druck gesetzt werden. Wenn man den Hebel betätigt, wird die unter Druck stehende Flüssigkeit durch ein Röhrchen im Inneren der Flasche gepresst und tritt schließlich in Form von Mus oder Schaum aus. So lässt sich z. B. flüssige Sahne sofort in Schlagsahne verwandeln.

SIEBEN

Gibt man Mehl oder andere trockene Zutaten durch ein feinmaschiges Sieb, wird es besonders fein und gleichmäßig, und alle Klümpchen verschwinden. Dieser Schritt ist für alle Backrezepte sehr zu empfehlen. Man kann sich die Sache jedoch erleichtern, indem man bereits gesiebtes Mehl kauft.

SPATEL

Ebenso wie die elektronische Küchenwaage und die Klarsichtfolie ist der Spatel zum Backen unver-

zichtbar. Am besten eignet sich ein Spatel aus biegsamem Plastik oder aus Silikon. Damit lässt sich beispielsweise eine Schüssel gründlich säubern, wenn man etwa ihren Inhalt komplett umfüllen möchte.
Beim Backen ist jedes Gramm einer Zutat von Bedeutung (siehe »Elektronische Küchenwaage«), und dank des Spatels bleibt auch nichts davon an den Schüsselwänden zurück. Durch die Biegsamkeit des Spatels eignet er sich auch dazu, bestimmte Zutaten behutsam zu vermengen, besonders Eischnee (siehe »Eier«) oder Mehlmischungen (siehe »Zutaten vermengen«). Mit keinem anderen Hilfsmittel kann man dabei so behutsam vorgehen.

SPRITZBEUTEL

Zunächst muss die richtige Tülle auf den Spritzbeutel gesteckt werden. Zum Füllen dann den Beutel in der linken Hand halten (als Rechtshänder) und die Beutelenden nach außen um die Hand schlagen. Den Beutel mit der freien Hand füllen, dabei den Beutel immer wieder umdrehen (Tülle nach oben), mit der Hand verschließen und den Inhalt dicht zusammendrücken, damit der Beutel gleichmäßig gefüllt ist. Zum Aufspritzen die Tülle senkrecht über das Blech halten und die Masse gleichmäßig herausdrücken.

ÜBERZIEHEN

Eine Flüssigkeit hat (oft nach Hitzeeinwirkung) dann die gewünschte zähflüssige Konsistenz erreicht, wenn sie einen Gegenstand, den man zuvor hineinhält, vollständig überzieht. Hält man etwa einen Teelöffel in die Flüssigkeit, so sollte dessen Oberfläche nach dem Herausnehmen nicht mehr zu sehen, sondern vollständig mit der Flüssigkeit überzogen sein. Dies ist zum Beispiel die gewünschte Konsistenz für eine Englische Creme oder Lemon Curd.

VANILLEEXTRAKT

Das ist ein flüssiger Auszug von Vanilleschoten mit Ethanol und manchmal etwas Zuckersirup. Als »reiner« Vanilleextrakt gekennzeichnet, muss er aus echten Vanilleschoten extrahiert worden sein. Er enthält das Aroma der Vanille in konzentrierter Form und ist sehr lange haltbar. Erhältlich über das Internet, z. B. unter www.besserkochen.de

VORBACKEN

Kuchen- oder Tortenböden werden vor dem Belegen mit Obst oder anderen Zutaten im Backofen ganz oder teilweise vorgebacken. Dadurch wird verhindert, dass der Boden durch den Belag aus Früchten, Cremes etc. zu feucht wird und aufweicht.

WASSERBAD

Das Wasserbad ist eine Vorgehensweise, mit der man Zutaten, wie etwa Schokolade, auf langsamere, behutsamere Weise erhitzen kann, als dies durch direkte Hitzeeinwirkung geschieht. Dazu die Zutat in einen Topf geben und diesen in einen etwas größeren, mit heißem oder leicht kochendem Wasser gefüllten Topf setzen.
Auch zum Auftauen gefrorener Früchte empfiehlt sich das Wasserbad. Dazu die Früchte in eine Schüssel geben, diese mit Klarsichtfolie abdecken und in einen Topf mit leicht kochendem Wasser stellen. Gelegentlich umrühren, bis die Früchte aufgetaut sind (Waldfrüchte brauchen etwa 10 Minuten). Dadurch bleiben die Früchte saftig und behalten auch ihre intensive Farbe.

ZUCKER KOCHEN

Kocht man Zucker mit Wasser auf, so löst er sich zunächst darin auf und verändert dann zunehmend seine Konsistenz – vom klaren Sirup bis zum Karamell – je höher die Temperatur steigt und je mehr Wasser verdampft. Der Karamellisierungsgrad des Zuckers lässt sich an seiner mehr oder weniger dunklen Farbe ablesen. Dagegen ist der Zucker in den ersten Kochphasen noch völlig farblos. Seine Temperatur lässt sich aber dennoch ganz einfach messen (wenn man kein passendes Thermometer zur Hand hat): Mit einem Teelöffel etwas Sirup aus dem Topf nehmen und in eine Schüssel mit sehr kaltem Wasser tropfen lassen. Formt sich der Sirup sofort zu einer Kugel, hat er die richtige Temperatur für italienisches Baiser oder Buttercreme. Ist die Kugel sehr schlaff, ist der Zuckersirup etwas kühler als bei einer festeren Kugel. Idealerweise sollte die Kugel eher fest sein, doch der Zucker verändert seine Konsistenz so schnell, dass man den Zuckersirup besser gleich verwenden sollte, sobald sich eine weiche, schlaffe Kugel bildet, sonst wird er zu fest.

ZUTATEN VERMENGEN

Die meisten Backrezepte weisen das gleiche Schema auf: zunächst die trockenen Zutaten in einer Schüssel vermengen, dann die flüssigen Zutaten in einer anderen Schüssel mischen, dann beides zusammenrühren.

Beim Vermengen der trockenen Zutaten gibt es meist keinerlei Probleme. (Eine Bedingung ist natürlich, dass alle Zutaten korrekt abgewogen wurden.) Diese Mischung lässt sich sogar im Voraus zubereiten und hält sich 1–2 Tage in einem Klarsichtbeutel oder einem luftdicht verschlossenen Behälter.

Schwieriger verhält es sich da oft mit der Mischung der flüssigen Zutaten, da diese häufig unterschiedliche Temperaturen aufweisen (die zerlassene Butter ist noch heiß, während die Eier direkt aus dem Kühlschrank kommen ...). Nun kann sich die Temperatur eines Lebensmittels entscheidend auf ein anderes auswirken (so gerinnt etwa heiße Butter, wenn man sie in kalte Milch einrührt) und dieses verändern oder sogar verderben. Deshalb ist es wichtig, dass alle flüssigen Zutaten die gleiche Temperatur haben, bevor man sie vermischt.

Eier lassen sich leicht erwärmen, indem man sie 1–2 Minuten in eine Schüssel mit heißem Wasser legt. Milch erwärmt man langsam in einem Topf bei geringer Hitze. Zerlassene Butter gibt man zum Abkühlen in eine gekühlte Schüssel.

Auch beim Vermengen fester und flüssiger Zutaten miteinander sollte man einiges beachten: In diesem Moment setzt die Wirkung des Backpulvers ein, doch die Reaktion dauert nicht sehr lange. Deshalb ist es wichtig, den Teig zügig in die Backform zu füllen, sobald trockene und flüssige Zutaten vermengt sind. Außerdem bildet Mehl, sobald es mit Flüssigkeit in Berührung kommt und zum Beispiel mit einem Spatel bearbeitet wird, ein Netz aus Gluten, das für die feste Struktur des Teigs unerlässlich ist. Ist dieses Glutennetz allerdings zu dicht, besteht die Gefahr, dass der fertige Kuchen hart wie Stein wird. Deshalb wird oft von der Verwendung eines elektrischen Handrührers zum Vermengen der trockenen und flüssigen Zutaten abgeraten. Es empfiehlt sich stattdessen, sehr behutsam vorzugehen und Spatel oder Schneebesen nur sparsam einzusetzen.

INHALTSVERZEICHNIS

1

CREMES & CO.

Cremes

Saucen und Glasuren

2

EINFACHE KUCHEN

Klassische Kuchen

Schokoladenkuchen

Made in U.S.A.

3

RAFFINIERTE LECKEREIEN

Gebäck aus Brandteig

Gebäck aus Blätterteig

Mascarpone & Frischkäse

Gefüllte Köstlichkeiten

4

KLEINES GEBÄCK

5

OBSTKUCHEN

REZEPTVERZEICHNIS

VERZEICHNIS NACH STICHWÖRTERN

Vielen Dank an magimix für die Bereitstellung der Mixer.

www.magimix.com